L'UNIVERS SYMBOLIQUE DE L'ENFANT ARRIERE MENTAL

PSYCHOLOGIE ET SCIENCES HUMAINES

Jean-Marie Paisse

l'univers symbolique de l'enfant arriéré mental

DESSART ET MARDAGA, EDITEURS

2, GALERIE DES PRINCES, BRUXELLES

A la mémoire de Dominique
que j'ai, de ma septième à ma dix-huitième année,
tant haï d'abord, tant aimé ensuite.

« L'être est relation. »

PLATON.

« Chaque homme
est la mesure de toutes choses. »

PROTAGORAS.

« A chacun sa vérité. »

PIRANDELLO.

AVERTISSEMENT

J'ai écrit ce livre en tant que psychothérapeute.

Celui-ci est-il un « homme de science » au sens strict, traditionnel et banal du terme ?

Peut-être...

Quoi qu'il en soit, pour ma part, je ne me veux, je ne me sens qu'un être humain de l'espèce la plus ordinaire...

Ces pages ne constituent donc qu'un témoignage, le mien, aussi partial que partiel, aussi modeste qu'audacieux, récusable...

... Comme toute œuvre humaine...

REMERCIEMENTS

Nos remerciements les plus vifs vont à tous ceux qui nous ont aidés dans la préparation de ce livre : nous ouvrant les portes des établissements éducatifs dont ils avaient la responsabilité; des classes où ils enseignaient; des groupes d'enfants qu'ils dirigeaient.

Nous n'en citerons aucun, étant trop nombreux. Qu'ils veuillent nous en excuser.

Comme chaque règle toutefois a ses exceptions, nous ne terminerons point ces remerciements sans avoir exprimé notre témoignage de très vive reconnaissance à Monsieur l'Inspecteur Claudel, Inspecteur d'Académie du Rhône, pour nous avoir si libéralement ouvert les portes des groupes scolaires de Lyon, à Monsieur l'Inspecteur Bougault, Inspecteur Départemental de l'Education Nationale, pour nous avoir grandement facilité notre travail, à Monsieur Milliex, Directeur de l'Œuvre des Villages d'Enfants (Rhône), pour son soutien toujours très compréhensif, à Madame Petit, psychologue au Groupe Scolaire J. de la

Fontaine (Lyon 4e), pour son bienveillant accueil, son indéfectible patience et ses conseils toujours judicieux, à Madame Claret, Directrice, à l'époque, de l'Institut Médico-Pédagogique du Chardonnet (Vaugneray - Rhône), dépendant de l'Œuvre des Villages d'Enfants, qui, pendant deux années, m'a accordé avec son époux, Monsieur Claret, une toujours aimable hospitalité et s'est sans cesse préoccupée de rendre ma tâche la plus aisée possible.

De même, je remercie très vivement Monsieur Papu, Directeur de l'Internat Municipal A. Favre, Lyon, et sa collaboratrice, Madame Mélinon, pour leur bienveillance toujours compréhensive.

Je remercie aussi, pour sa collaboration, Monsieur Gérard Tanchon, instituteur.

Enfin, j'exprime ma profonde gratitude à Monsieur le Docteur Claude Kohler, psychiatre, Chef de Service de la Pouponnière Neuro-Psychiatrique, Hôpital Sainte-Eugénie (Saint-Genis-Laval - Rhône) pour les encouragements très précieux qu'il n'a cessé de me prodiguer, pour l'aide très efficace qu'il m'a apportée dans l'organisation de mon travail à Lyon, pour les conseils toujours judicieux qu'il a bien voulu me donner et pour l'aimable hospitalité qu'il m'a accordée à diverses reprises dans son Service.

Avant de mettre un point final à ces quelques lignes, il me reste une tâche bien agréable : exprimer ma profonde et amicale reconnaissance à Monsieur Carré, Directeur de l'Aerium - Ecole de Plein Air de La Pavière (Mornant - Rhône) et à son épouse, Madame Carré, qui le seconde en tant qu'infirmière de cette Maison.

Je les remercie pour l'accueil toujours si chaleureux qu'ils ne cessent de me réserver et pour les conditions de travail réellement très favorables qu'ils m'offrent avec tant de bienveillance. Je leur exprime aussi mon admiration pour la manière dont ils conçoivent et réalisent leur tâche éducative; je suis d'autant plus sensible à l'atmosphère familiale — psychothérapiquement si utile et efficace — qu'ils entreprennent de recréer, que j'ai connu pour ma part dans mon enfance l'ambiance — souvent si différente... — des instituts « rééducatifs ». Très « sourcilleux » en la matière (et pour cause...) j'ai d'autant plus de satisfaction à leur dire tout le plaisir que j'ai à travailler dans une maison où, grâce à l'esprit dont ils rayonnent, l'enfant n'est plus un *objet* que l'on « rafistole » tant bien que mal mais un *sujet* que l'on écoute avec intérêt pour mieux l'aider ensuite et que l'on aime.

Tout simplement...

Lyon, 2 décembre 1974.

INTRODUCTION

METHODOLOGIE

Au début de ce travail, il importe d'exposer brièvement nos méthodes de recherche.

Celles-ci constituent le fruit d'une longue expérience au contact de nombreux petits arriérés mentaux, atteints à divers degrés, du plus faible au plus grave, dont l'observation et la psychothérapie se sont poursuivies parfois durant plusieurs années.

Seule, croyons-nous, une analyse approfondie de cas variés se révèle fructueuse, une analyse menée jusqu'aux moindres détails et ne laissant aucun aspect, si minime qu'il puisse être, dans l'ombre.

Cette exigence d'une investigation minutieuse s'explique à nos yeux dans la mesure où l'arriération mentale comporte une diversité très étendue de cas, de telle sorte que chacun d'eux constitue à la limite, oserions-nous dire, un cas d'espèce différent de tous les autres en dépit d'indéniables analogies ou similitudes.

En conséquence, une recherche qui n'entreprendrait pas une analyse de la personnalité tout entière de chaque petit arriéré mental, embrassant tous les aspects de cette personnalité jusqu'aux détails les plus individuels, les plus concrets et les plus anecdotiques de celle-ci, une semblable recherche ne permettrait pas d'aboutir à un diagnostic psychologique rigoureusement motivé et thérapeutiquement efficace dans la mesure où elle laisserait dans l'ombre certains faits précis, apparemment insignifiants mais dont les implications se révèlent souvent fondamentales lorsque l'on s'avise de les relever, de les mettre en lumière et que l'on étudie leurs relations et leur influence mutuelle. Ces petits faits, en dépit de leur caractère parfois anecdotique et toujours particulier, constituent, dans la plupart des cas, une pierre de touche essentielle en vue d'une compréhension fine et nuancée de la psychologie du petit arriéré mental.

Eux seuls, en quelque sorte, permettent, autant que faire se peut, d'individualiser au maximum l'analyse du comportement psychique de cet enfant; par là-même, eux seuls conduisent à une mise en relief, la plus claire et la plus complète possible, de la psychologie de chaque petit arriéré mental dans ce que celle-ci révèle de plus original.

Dans cette perspective, les détails apparemment les plus anecdotiques peuvent acquérir une signification d'autant plus fondamentale qu'ils sont issus de la vie quotidienne de l'enfant dont ils expriment le *vécu*; par là même, ils constituent un langage dont le sens profond devra être déchiffré par l'analyse psychologique, un langage qui traduit le plus intime de la personnalité du petit arriéré mental dans ce qu'elle a d'irréductible [1].

---

[1] Nous rejoignons ici, au plan méthodologique, Bruno Bettelheim qui, à propos des enfants affectivement perturbés, insiste sur

Ainsi envisagée, l'étude psychologique de l'arriéré mental nous paraît d'autant plus utile qu'elle permet d'échapper au péril de généralisations abstraites, sources d'imprécisions, responsables d'une reconstruction conceptuelle qui transforme le petit arriéré mental en une entité idéelle, réduite en quelque sorte à un ensemble d'éléments qui engendrent une espèce de portrait-robot où toutes les particularités et toutes les différences psychiques de cet enfant disparaissent, fondues en une *moyenne,* fruit de calculs statistiques, dépourvue de toute nuance dans la mesure où jamais l'on ne rencontrera un petit arriéré mental correspondant peu ou prou à une semblable reconstruction abstraite.

L'analyse approfondie de cas précis offre encore l'avantage de nous donner l'occasion d'opérer de multiples confrontations et comparaisons en vue d'établir les similitudes, les analogies, les différences et les oppositions entre les divers cas étudiés de telle sorte que nous obtenons ainsi une vue complexe et nuancée qui n'est en aucune manière une juxtaposition plus ou moins hétéroclite mais qui apparaît au contraire comme rigoureusement structurée dans la mesure où toutes les analyses individuelles se confrontent les unes aux autres en de multiples rapports d'analogie, de complémentarité, d'opposition et de parallélisme, acquérant ainsi, au-delà de leur sens propre, une signification générale, source pour nous d'une connaissance d'autant plus fructueuse qu'elle s'enracine dans l'expérience la plus concrète sans toutefois s'y enliser grâce aux rapports dialectiques qu'elle découvre entre les cas envisagés, évitant

la nécessité, à ses yeux impérieuse, de connaître les moindres détails de leur vie quotidienne en vue d'élaborer une analyse plus fine et plus nuancée de leurs troubles et de mettre dès lors en œuvre une thérapeutique rigoureusement appropriée. (B. Bettelheim, *Le traitement des troubles affectifs chez l'enfant,* Paris, 1970.)

de cette manière « l'empirisme irréfléchi de certains praticiens » de même que « le systématisme de certains théoriciens » [2].

Un semblable travail nous paraît d'autant plus instructif qu'il permet au psychologue d'aboutir à une connaissance approfondie de la spécificité et de l'originalité de chaque petit arriéré mental en même temps qu'il l'amène à découvrir et à préciser les constantes fondamentales de l'arriération mentale, constantes revêtant toujours, ainsi que l'expérience nous l'a enseigné, une forme et une coloration hautement particularisées propres à chaque cas étudié.

Dans cette perspective, comme nous l'avons déjà brièvement souligné, notre méthode d'analyse en profondeur nous permet de mettre en relief ce que nous pourrions nommer la dimension *existentielle* de l'arriération mentale telle que chaque enfant l'éprouve et l'exprime. Cette dimension *existentielle* correspond à la manière, strictement individualisée, dont chaque petit arriéré mental vit son handicap au fil des jours dans ses activités et ses comportements les plus ordinaires et les plus quotidiens — alimentation, toilette, jeux, scolarité, relations sociales, etc. —, à la manière dont il tente, plus ou moins difficilement, plus ou moins heureusement, de l'intégrer et de s'en accommoder; les réponses qu'il donne, toujours incomplètes, toujours remises en question, aux problèmes que son arriération mentale ne cesse de lui poser, ces réponses, dans la mesure même où elles révèlent un caractère profondément individualisé et personnel, nous permettent d'établir en quelque sorte un tableau, d'une richesse extrêmement variée, des

[2] G. Amado et J. Roy, *L'observation des enfants difficiles*, Paris, 1970, p. 219.

réactions de l'enfant, réactions multiples et diverses correspondant aux aspects non moins nombreux et différents que présente l'arriération mentale [3].

D'autre part, nous avons été conduits à entreprendre une anamnèse aussi minutieuse et aussi approfondie que possible de chaque enfant étudié, de sa naissance jusqu'à l'époque où il nous fut présenté pour la première fois en nous efforçant d'établir un bilan, sinon exhaustif du moins le plus complet qu'il nous était donné de le faire, rassemblant d'une part les résultats des examens médico-psychologiques — souvent nombreux — subis et d'autre part ce que nous pourrions nommer les anecdotes de la vie quotidienne de l'enfant — des plus infimes aux plus

---

[3] G. Amado et J. Roy insistent, eux aussi, sur la nécessité d'entreprendre une étude approfondie de chaque cas, ne laissant dans l'ombre aucun domaine, aucune circonstance, aucun événement; « La conduite à la maison, écrivent-ils, à l'école, dans les activités de loisirs; avec tels adultes, tels enfants; la chronologie du comportement depuis la naissance; enfin, le comportement dans les situations nouvelles et conçues pour être déconditionnantes; tous ces documents sont nécessaires à l'étude de la personnalité d'un enfant. » (G. Amado et J. Roy, *op. cit.*, p. 13). Plus loin, ces auteurs précisent: « C'est à travers les questions les plus concrètes, voire les plus futiles, que se révèlent les sentiments et les attitudes (des enfants), et qu'il sera possible de les observer et d'y réagir. » (*Op. cit.*, p. 188.) C'est pourquoi, ajoutent-ils encore, une « attention aiguë envers des enfants doit-elle être aussi, pour les comprendre, assortie d'une participation intime à leur monde. L'observateur n'est pas alors l'entomologiste classique qui dissèque l'insecte mais plutôt l'éthologue nouveau qui vit parmi ses animaux et qui les aime. » (*Op cit.*, p. 218.)

En dépit du caractère que d'aucuns jugeront peut-être audacieux d'une semblable comparaison, la manière dont ces auteurs définissent les critères qui doivent présider à l'observation des enfants inadaptés ou atteints de troubles caractériels, s'applique, nous semble-t-il, en toute exactitude et avec beaucoup d'à-propos, à l'analyse des petits arriérés mentaux si nous en croyons notre longue expérience.

mémorables — constituant, au fil des années écoulées, de multiples points de repère d'autant plus significatifs parfois qu'ils paraissaient d'abord dénués de tout intérêt.

L'expérience nous enseigne depuis de longues années, en effet, que ces anecdotes, en dépit de leur futilité apparente et de leur trivialité éventuelle, éclairent souvent la psychologie profonde des petits arriérés mentaux et permettent ainsi à l'observateur attentif d'entrevoir d'une manière plus exacte et plus nuancée ce qui constitue le cœur et le nœud, pourrions-nous dire, de la problématique psychologique des enfants étudiés. Cette anamnèse constitue une opération délicate; elle implique une recherche souvent difficile et n'aboutit pas toujours à des résultats tout à fait satisfaisants; il demeure parfois de vastes pans d'ombre, de multiples lacunes plus ou moins considérables malgré les divers moyens mis en œuvre en vue d'établir une anamnèse aussi complète et aussi fidèle que possible.

A cela s'ajoute le risque de voir les renseignements obtenus plus ou moins insidieusement et inconsciemment déformés, altérés, amputés, amplifiés par les personnes que nous avons interrogées. Il importe dès lors, dans la mesure des possibilités offertes, de s'efforcer par recoupements, comparaisons et confrontations multiples de contrôler l'exactitude de ces renseignements, d'en vérifier les sources et d'en apprécier l'importance; chacun d'eux, en d'autres termes, doit être circonscrit, jugé, jaugé et mis à sa place précise parmi les autres; les relations — nombreuses et complexes — qu'il noue avec ceux-ci doivent être mises en lumière dans leurs nuances les plus fines et les plus spécifiques. Tâche délicate autant que périlleuse mais à laquelle il faut s'atteler modestement, témérairement peut-être, si l'on veut se faire une idée aussi exacte que possible des particularités psychologiques du petit arriéré mental.

La technique que nous avons utilisée et que nous continuons de mettre en pratique se révèle assez proche de celle que décrivent B. Igert et M. P. Le Bouteiller [4]. Pas plus qu'elles, nous n'employons une méthode strictement interrogative, semblable à celle qu'utilise le médecin face au malade car, ainsi qu'elles le déclarent, fort judicieusement nous semble-t-il, l'interrogatoire médical « ne peut manquer d'être orienté au fur et à mesure de son déroulement car ses premiers résultats conduisent à certaines hypothèses que l'expérience clinique permet de renforcer à partir d'eux : les nouvelles questions posées visent en effet à vérifier les hypothèses sélectionnées à partir des premières réponses » [4].

Cet interrogatoire se révèle ouvertement orienté par l'élaboration progressive du diagnostic et ne vise pas à établir une anamnèse *existentielle* du patient au sens strict du terme, ce qui constitue au contraire le but de notre recherche. C'est pourquoi nous faisons nôtre ce qu'écrivent encore B. Igert et M. P. Le Bouteiller au sujet de la finalité de leur technique interrogative : « (celle-ci) a pour objectif de compléter la méthode traditionnelle de l'observation en psychiatrie infantile. Elle vise à reconstituer aussi complètement que possible les antécédents familiaux; à étudier

---

[4] B. Igert et M. P. Le Bouteiller, *L'entretien prolongé comme contribution à la connaissance des familles des enfants suivis en psychiatrie*, La psychiatrie de l'enfant, fasc. 2, Vol. XIII, 1970, p. 450.

pas à pas le développement de l'enfant dans le cadre des
interréactions familiales; à développer la biographie de
chacun des parents et l'étude de leurs relations con-
jugales » [5].

Ainsi que nos lecteurs pourront le constater, notre
méthode ne vise pas seulement à établir l'anamnèse de
l'évolution de l'arriération mentale de l'enfant étudié mais
à reconstituer l'ambiance et les caractéristiques particulières
du noyau familial tout entier et en tant que tel. Plus
précisément, nous nous efforçons de mettre en relief, grâce
à cette opération anamnestique, d'une part, le psychisme
de chacun des membres de la famille ou de l'entourage du
petit arriéré mental, et, d'autre part, les rapports qui
unissent ces différentes personnes, non seulement ceux dont
elles ont conscience mais encore ceux qu'elles nouent
effectivement entre elles au-delà des apparences, au-delà
du rôle que chacune croit ou veut jouer.

Quand l'occasion nous en est offerte, nous ne limitons
point cette anamnèse au père, à la mère et à la fratrie
éventuelle du petit arriéré mental mais nous l'étendons aux
grands-parents maternels et paternels; l'expérience nous
enseigne depuis longtemps en effet que les troubles psychologiques de l'enfant *inadapté,* y compris le petit arriéré
mental, ont partie liée, au travers et par l'intermédiaire des
parents, avec les particularités psychiques des grands-
parents. Notre constatation rejoint celle d'H. E. Richter
lorsqu'il écrit que « les parents sont, dans leurs rapports
avec leur enfant, inévitablement confrontés au souvenir de
leurs propres relations avec leurs parents »; en effet,
« l'attitude affective qu'enfants nous avions envers nos
parents joue un rôle important dans la manière dont nous

[5] B. Igert et M. P. Le Bouteiller, *op. cit.,* p. 455.

tirons parti de nos expériences infantiles pour faire face, le moment venu, à nos tâches éducatives ». Par exemple, « habituellement, dans la plupart des cas, se produit une identification de la mère à sa propre mère : elle s'efforce d'être avec son enfant comme sa mère a été avec elle » [6].

Ausubel, que cite d'ailleurs H. E. Richter, partage une opinion identique : « La première idée, écrit-il, qu'une femme se fait de la maternité se développe à partir de ce que, enfant, elle a perçu du comportement de sa propre mère » [7].

Si notre expérience nous engage à souligner l'importance essentielle de l'influence des grands-parents sur le petit arriéré mental dans le domaine du psychisme, elle nous montre *a fortiori* le rôle considérable que le père et la mère jouent en cette matière; leurs particularités, surtout psychologiques, exercent une influence prépondérante sur le développement psycho-somatique de leurs enfants.

Une semblable constatation ne nous est pas du tout personnelle : depuis quelques années en effet, de nombreux médecins et psychologues aboutissent à des conclusions identiques. C'est ainsi par exemple que H. Aubin écrit : « Il est certain que le comportement de l'enfant est largement conditionné par les relations familiales, ses conditions de vie, le climat psychologique dans lequel il baigne » [8]. En effet, avait-il déclaré auparavant, « le regard de la mère, avant tout échange verbal, apporte (à l'enfant), avec son amour, la quiétude, la sérénité, la sécurité ou au contraire

---

[6] H. E. Richter, *Parents, enfant et névrose*, Paris, 1972, p. 98,
[7] D. P. Ausubel, *Theory and problems of Child Development*, New York, 1958, p. 192.
[8] M. Aubin, *La psychothérapie institutionnelle chez l'enfant*, Paris, 1973, p. 67.

le sentiment d'une interdiction violée (par l'enfant), d'un rejet momentané ou permanent » [9].

Dans une perspective analogue, M. Mannoni affirme qu'il « arrive que ce soient les fantasmes de la mère qui orientent l'enfant vers son destin même dans le cas où un facteur organique est en jeu, tel enfant n'a pas seulement à faire face à une difficulté innée, mais encore à la manière dont sa mère utilise cette défectuosité dans un monde fantasmatique qui finit par leur être commun à tous deux » [10].

De son côté, J.-C. Sagne écrit, allant dans le même sens : « L'enfant s'identifie de manière fusionnelle au désir de la mère et joue un des rôles qu'elle porte dans son imaginaire » [11].

Nous pourrions multiplier les citations de ce genre : de toute évidence, la problématique psychique de l'entourage familial de l'enfant (qu'il soit reconnu *normal* ou *inadapté*) exerce une influence déterminante sur l'évolution psychologique de celui-ci.

C'est pourquoi nous nous sommes efforcés, dans la mesure de nos possibilités, d'entreprendre une analyse approfondie non seulement des relations de l'enfant et de ses parents mais encore du psychisme de chacun de ceux-ci; nous avons d'ailleurs, dans cette tâche toujours délicate, rencontré quelques difficultés, inévitables en l'occurence.

Pour ce faire, nous n'avons pas hésité à rendre visite, quand nous pressentions être assez bien accueillis, aux familles des petits arriérés mentaux dont nous avions la

---

[9] H. Aubin, *Art et magie chez l'enfant*, Toulouse, 1971, p. 17.
[10] M. Mannoni, *L'enfant arriéré et sa mère*, Paris, 1964, p. 14.
[11] J. C. Sagne, *L'alternative communautaire. Pour une psychologie des communautés*, Le supplément, n° 106, septembre 1973, p. 277.

responsabilité; en certaines occasions, nous y avons même séjourné, partageant en tout, jour et nuit, la vie familiale. En pareilles circonstances, nous avons mis en œuvre un style de relation et une méthode très proches de celles que décrit J. Henry : « L'étude naturalistique, observe-t-il, consistera donc à voir ces familles vivre en leur foyer... Je pense qu'il est aisé de comprendre la nécessité de ce type d'observation, surtout dans le domaine des troubles affectifs, car à partir de la seule anamnèse, nous n'obtenons qu'une vue partielle du comportement de la famille : la plupart du temps, les parents nous disent peu de leur comportement car ils ne se souviennent pas des innombrables détails de leur activité » [12].

Appliquant cette méthode, convaincu d'ailleurs qu'une semblable technique vaut pour toutes les familles des enfants *inadaptés,* nous nous efforçons, en vue d'établir ou de renforcer le climat chaleureux imprégnant nos relations avec les parents, de partager les centres d'intérêt (activités, discussions, etc.) de ceux-ci, dans la mesure où nous sommes persuadés « qu'un bon observateur est aussi un bon auditeur. Il doit écouter et être réellement intéressé par ce qui se dit autour de lui. Il doit, par exemple, entrer avec animation dans une discussion ménagère, portant sur la meilleure marque de savon ou de détergent à utiliser pour la lessive, sur le prix des œufs, sur la meilleure façon de cuire un poulet... Cette conversation est importante non seulement parce qu'elle montre l'intérêt de l'observateur pour ses sujets mais aussi parce que des conversations portant sur des points terre à terre, révèlent souvent

[12] J. Henry, *L'observation naturaliste des familles d'enfants psychotiques,* La psychiatrie de l'enfant, vol. IV, fasc. 1, 1961, p. 65.

d'importants problèmes sous-jacents. Des conversations semblables sont valables en ce qui concerne les maris » [13].

Dans ce dernier cas, nous nous voyons souvent invité à partager l'enthousiasme ou la déception d'un père de famille admirateur de l'équipe sportive prestigieuse de la grande métropole où nous travaillons d'ordinaire...

Dans une perspective analogue, l'expérience ne cesse de nous enseigner que c'est au détour des conversations apparemment les plus banales et les plus éloignées des problèmes que pose le petit arriéré mental, que se révèle tout à coup l'élément, parfois très infime, qui illumine un aspect jusqu'alors obscur du comportement de l'enfant ou de ses parents, qui répond à une question depuis longtemps posée... Il suffit quelquefois, pour ce faire, d'une inflexion de voix, d'un lapsus, d'un regard fugitif, d'un silence...

C'est en aidant, lorsque l'occasion se présente, une mère débordée tout à coup dans ses tâches les plus matérielles mais les plus exigeantes aussi, que les conversations les plus brèves mais parfois les plus importantes ont lieu, au moment où nous mettons la main à la pâte : donner la becquée à un petit récalcitrant, en baigner un autre, aider un troisième à résoudre son problème d'arithmétique ou à préparer sa dictée du lendemain...

Dans une perspective analogue, lorsque le petit arriéré mental se trouve placé en institut médico-pédagogique, nous n'hésitons pas à fréquenter d'une manière très régulière le groupe dont il fait partie : nous partageons ses jeux, ses repas, ses veillées; nous l'aidons dans ses travaux scolaires, nous l'assistons dans ses ablutions et lui donnons le « baiser du soir ».

[13] J. Henry, *op. cit.*, p. 97.

De même, nous nous efforçons d'entretenir les meilleures relations avec le personnel non seulement d'encadrement (éducateur, éducatrice) mais encore de service (femme de ménage, homme de peine, lingère, cuisinier, etc.) car nous partageons l'avis d'H. Aubin lorsqu'il déclare que « c'est souvent à un employé très effacé qu'un enfant s'adresse pour trouver un substitut maternel, à une femme de service, à une laveuse... » [14]. Dès lors, les relations de cette personne avec le petit arriéré mental et le témoignage de celle-là sur celui-ci se révèlent pour nous d'une utilité très précieuse.

En résumé, nous estimons que l'observation clinique de l'enfant, dans le déroulement le plus ordinaire de sa vie quotidienne, au sein de son milieu éducatif, constitue pour le psychologue une source fondamentale et tout à fait *irremplaçable* en vue d'une connaissance aussi profonde que nuancée de l'enfant dit *inadapté*.

Cette observation clinique se révèle certes parfois très difficile, très délicate et très lourde à porter — psychiquement aussi bien que physiquement — mais ses fruits justifient, nous semble-t-il, les peines et les embarras qu'elle provoque inévitablement pour celui qui la met en pratique.

En un mot, si nous voulons réellement connaître la constellation psychique profonde du petit arriéré mental, nous devons, en dépit des obstacles et des difficultés, nous efforcer d'appliquer une semblable observation clinique et d'en respecter toutes les exigences, si pénibles et si délicates qu'elles puissent paraître, car « nous pensons qu'il faut vivre avec (les enfants inadaptés) comme s'ils ne l'étaient pas, les laisser s'exprimer pleinement... »; c'est pourquoi

---

[14] H. Aubin, *La psychothérapie institutionnelle chez l'enfant*, p. 39.

« nous vivons avec eux vingt-quatre heures sur vingt-quatre;
nous sommes auprès d'eux au lever, au coucher, aux heures
de détente; notre arrivée n'interrompt aucune activité... »[15].

[15] H. Aubin, *La psychothérapie institutionnelle chez l'enfant*,
p. 9.

INTRODUCTION

PROBLEMES D'INTERPRETATION

Il importe avant tout de préciser les critères nous permettant d'analyser l'attitude de l'enfant arriéré mental dans sa vie quotidienne face à ses parents, ses éducateurs, sa fratrie éventuelle, ses compagnons aussi bien que dans ses relations proprement psychothérapiques.

En d'autres termes, il nous paraît opportun d'étudier brièvement les problèmes qui se posent au moment où nous entreprenons d'élaborer une interprétation du *message,* de ce qui nous semble être un *message,* que cet enfant nous adresse par l'intermédiaire et au travers de son comportement vis-à-vis et au sein du monde animé et inanimé. Il convient d'analyser ce qui permet, à nos yeux, de reconnaître en ce comportement une signifiance, une espèce d'appel au dialogue, une certaine façon d'être au monde devant laquelle nous ne pouvons rester indifférents malgré que nous en ayons, soit que nous acceptions d'être interpellés et d'être alors par elle mis pour ainsi dire en question, soit au contraire que nous lui refusions toute signification

relationnelle pour ne lui reconnaître qu'une valeur strictement symptomatique et en quelque sorte nosographique
désignant un trouble essentiellement circonscrit, au moins
quant à son origine, à la personnalité de l'enfant envisagée
avant tout sous son aspect bio-physiologique.

Il importe encore d'envisager d'une manière dépourvue
de toute imprécision les conditions présidant à la mise en
place d'un code interprétatif du comportement du petit
arriéré mental afin, par exemple, d'éviter le piège que tend
la tournure d'esprit que nous pourrions nommer adulto-
centriste, à laquelle sacrifient tant de ceux qui se mêlent
d'étudier le monde de l'enfance [1].

Dans une perspective analogue, il nous faut aussi rencontrer, entre autres, les multiples objections que l'on a
coutume d'émettre vis-à-vis d'un code interprétatif du
comportement de l'enfant arriéré mental, considéré comme
reposant sur un certain nombre de postulats dépourvus de
toute valeur scientifique et découlant au contraire de la
fantaisie fondamentalement arbitraire de quelques psychologues trop imaginatifs projetant sur l'enfant leurs propres
fantasmes inconscients.

Il n'est pas douteux qu'un tel problème doit retenir toute
notre attention dans la mesure où il se situe au point de
départ de notre démarche, celle-ci acquérant une signification ou perdant toute valeur selon la manière d'envisager
la question et la réponse que l'on donne au problème
soulevé.

---

[1] En ce sens, F. de Meredieu a raison d'écrire, nous semble-t-il,
« l'adulte impose sa propre image de l'enfance et de ses mécanismes,
image marquée de part en part du sceau de l'idéologie dominante ».
(*Le dessin d'enfant*, Paris, 1974, p. 14.)

Nous n'ignorons pas les embûches qu'un semblable travail d'interprétation ne manque point de rencontrer, embûches diverses et multiples que nous passerons brièvement
en revue.

Le premier obstacle, pourrions-nous dire, se trouve
d'abord en nous-mêmes car, ainsi que l'écrit très judicieusement L. Paquay, « sentiments, intérêts de l'observateur,
personnalité, histoire personnelle ont une influence sur la
manière de percevoir et de juger à travers les comportements auxquels une signification est conférée » [2].

Notre subjectivité, fruit de notre historicité contingente,
révèle une « triple fonction de sélection, de sensibilisation
et de distorsion. L'observateur est particulièrement réceptif
à certaines classes de comportements et fermé à d'autres » [3].

En outre, remarquons-le, indépendamment de sa problématique psychologique particulière, l'observateur, lorsqu'il
est en contact avec l'enfant, ne peut se mettre entre parenthèses : quoi qu'il fasse et malgré qu'il en ait, sa présence
exerce une influence plus ou moins considérable mais
toujours très réelle sur l'attitude et les réactions de cet
enfant. Il ne peut éviter d'être « un des éléments de la
situation » [4] et de réagir à son tour selon les modalités de
sa propre constellation psychique, à ce qu'il perçoit de
l'attitude puérile. Il s'engage ainsi en une espèce de dialogue
plus ou moins indirect qui ne manque pas de l'impliquer
beaucoup plus qu'il ne l'imagine à première vue et qui

---

[2] L. Paquay, *L'observation dans le cadre de l'évaluation forma-
tive*, in A. Bonboir, *Une pédagogie pour demain*, Paris, 1974, p. 153.
[3] P. Iserentant, *L'observation et l'évaluation au premier cycle
de l'enseignement secondaire rénové*, Bull. Psych. Scol. et orient.,
2, 1972, pp. 89-98; 3, 1972, pp. 101-147; cité par L. Paquay, *op. cit.*,
p. 153.
[4] L. Paquay, *op. cit.*, p. 153.

modifie en conséquence dans une proportion parfois très considérable la matière même de son observation. Il doit dès lors abandonner l'illusion de pouvoir obtenir une vision *objective* du comportement de l'enfant entendue comme une traduction rigoureusement fidèle de ce comportement considéré en quelque sorte comme clos ou isolé en lui-même, mais il doit ne jamais perdre de vue les interférences parfois très importantes que sa propre attitude provoque, s'efforçant dès lors de les reconnaître, de les démêler et de les intégrer, *pour ce qu'elles sont,* dans son travail de synthèse au terme de son observation.

N'oublions pas davantage que, lorsqu'il entreprend cette synthèse, lorsqu'il tente d'exprimer ce qu'il a perçu, de verbaliser ce qu'il a découvert, il le fait en un langage qui lui est propre, dont le vocabulaire et la syntaxe se chargent d'une signification déterminée découlant de son histoire personnelle dans une perspective, oserions-nous dire, philosophique tout aussi précise et particulière, consciente ou implicite selon les cas.

C'est ainsi, par exemple, qu'une même attitude puérile peut être non seulement sentie et vécue mais encore traduite d'une manière quelquefois radicalement différente par une monitrice, une institutrice, un psychiatre ou un psychothérapeute. Cette attitude revêt pour chacun d'eux une signification particulière, à nulle autre pareille, découlant tout à la fois de leur formation professionnelle respective, de leur histoire personnelle et des investissements psychiques qui en dérivent pour chacun d'eux, enfin — conséquence de ce qui précède — de leur attitude propre face à l'enfant.

En d'autres termes, une seule et même attitude puérile peut, en quelque sorte, constituer le lieu d'une multiplicité de points de vue émanant des adultes qui l'observent. D'une certaine manière, chacun de ceux-ci croit y découvrir ce qu'il y cherche plus ou moins inconsciemment; il y projette, le plus souvent à son insu, ses fantasmes personnels; il tend à provoquer de la part de l'enfant la réponse qu'il espère ou redoute, la réponse *inévitable* telle qu'elle correspond précisément à son désir...

Plus exactement sans doute, chacun y trouve l'occasion, le prétexte pour y voir ce qu'il souhaite...

Tentation essentielle, embûche fondamentale auxquelles l'observateur le plus honnête ne peut jamais échapper tout à fait, qu'il doit au moins reconnaître en toute franche et lucide humilité et à l'égard desquelles il ne peut manifester ni complaisance passive, ni présomption illusoire...

La particularité de ces points de vue, en dépit de leur caractère toujours très différent et parfois contradictoire, en dépit de ce que nous pourrions nommer leur défaut plus ou moins considérable d'objectivité, ne peut nous empêcher néanmoins de les reconnaître souvent chacun comme exact et légitime dans les limites d'une *relativité* fondamentale et d'un examen *critique* approfondi que nous ne devons jamais négliger si nous ne voulons point nous en laisser conter.

C'est pourquoi, en ce qui nous concerne, l'interprétation que nous donnons du comportement du petit arriéré mental ne prétend pas constituer un reflet rigoureusement exact et absolument fidèle de l'attitude puérile; elle nous apparaît au contraire comme la *résultante* du contact que nous établissons avec l'enfant et qu'il noue de son côté avec nous, de la rencontre de sa personnalité et de la nôtre, soumises toutes deux à leurs particularités et à leurs motivations respectives, limitées l'une et l'autre par les

contraintes foncièrement contingentes et radicalement relatives de leur histoire étroitement individuelle, dans le cadre
tout aussi particulier du double dialogue (conscient,
inconscient) qu'elles nouent tout au long de leur présence
réciproque, dialogue que nous voulons, pour notre part, à
résonance nettement psychothérapique.

Cela ne veut pas dire que nous ne nous efforçons pas
dans notre tâche d'observateur (*a fortiori* dans notre fonction de psychothérapeute) de nous mettre, autant que nous
le pouvons, à l'écoute de l'enfant et, pour ce faire, de nous
remettre sans cesse, avec une humble ténacité, en question [5].

Cette exigence nous paraît devoir être respectée avec
une extrême rigueur, elle nous semble devoir faire l'objet
de notre vigilance la plus attentive et la plus scrupuleuse
dans la mesure où il importe avant tout de savoir, au moins
autant que faire se peut, où nous en sommes, de partir
à la découverte de notre problématique psychologique en
évitant au maximum les pièges que nous nous tendons à
nous-mêmes pour nous aveugler, non point tant dans
l'espoir de supprimer nos motivations personnelles — plus
ou moins névrotiques — mais plutôt pour tenter de les
délimiter, de les circonscrire et, partant, de les contrôler
d'une certaine manière en ne manquant point surtout de
les *assumer,* de les *intégrer* et de leur retirer, pourrions-nous
dire, leur caractère d'*os dans le gosier* pour leur faire une
place et leur reconnaître une fonction au sein de notre
squelette !

Se remettre en question constitue certes une tâche ardue
à laquelle nous ne manquons point de répugner car elle

---

[5] Ainsi que l'écrit J. Cosnier (*Perspectives nouvelles en psychologie clinique,* Bull. de Psychologie, XXI, 15-19, 1968, pp. 1142-
1150), « inclus dans une relation, le consultant doit être à l'écoute
de lui-même autant qu'à l'écoute du client ».

exige de notre part autant de courage que d'humilité, une humilité particulièrement efficace toutefois, nous semble-t-il, dans la mesure où elle nous protège de la présomption, de la suffisance, autant de traquenards bien tentateurs, dans la mesure aussi où elle engendre une lucidité d'autant plus précieuse qu'elle nous éclaire tout à la fois sur nous-mêmes et sur nos rapports avec autrui.

Cette lucidité se révèle, avouons-le, d'autant plus difficile à atteindre qu'elle dévoile inexorablement nos faiblesses, nos lacunes, nos limites, qu'elle nous contraint à mettre en cause, sinon à renier, nos préjugés, fruits de notre éducation et de notre insertion en une société déterminée, qu'elle nous découvre une réalité extérieure et nous dévoile le sens profond de nos relations avec autrui, que nous devons alors reconnaître et admettre malgré que nous en ayons.

Pourtant, sans l'obstacle de l'erreur soudain perçue ou la contrainte inéluctable de la difficulté, l'être humain se croit dans la vérité, il se donne bonne conscience et ne consent aucun effort en vue de remettre en question ses idées et ses attitudes quand bien même d'autres le lui suggèrent. Bien plus, il a tendance d'abord à manifester du ressentiment ou à se laisser même emporter par la colère lorsqu'il se voit contraint de reconnaître la caducité de ses points de vue; il témoigne souvent alors d'une grande énergie pour éviter la seule voie qui lui demeure ouverte : s'interroger avec une humble lucidité sur le problème posé, examiner avec une attention aiguisée toutes ses facettes, jauger toutes les hypothèses, passer au crible de la raison la plus sourcilleuse les solutions envisagées, partir à la découverte de ses mobiles personnels les plus secrets, mener la chasse aux faux-fuyants, ceux qui permettent de sauve-

garder sa bonne conscience, analyser ses relations avec
autrui sans se réfugier derrière une mise en accusation —
claire ou voilée — de ses interlocuteurs, cultiver enfin la
vertu de patience... [6]

Ce qui importe donc avant tout, c'est de ne point nous
en laisser conter sur notre propre structure psychique, sur
la complexité de nos relations avec l'enfant que nous avons
à observer et, en ce qui nous concerne, à aider, sur le
double mécanisme, en un mot, de la relation transférentielle.

Un semblable contrôle s'avère d'ailleurs, au surplus,
absolument indispensable si l'on veut éviter les malentendus,
les équivoques et finalement les incompréhensions du type,
par exemple, de celui que cite Spitz [7].

Il importe, soulignons-le, de ne jamais pratiquer ce que
nous considérons comme l'une des embûches les plus insi-
dieuses et, en conséquence, les plus redoutables : une espèce
d'*amalgame* entre divers phénomènes apparemment semblables mais en réalité très différents les uns des autres,
une sorte de *réduction* à un même type, à une même
structure, à une signification commune, le tout découlant
d'une analyse insuffisante que, souvent, les projections et

---

[6] Pour un exposé plus complet de ce problème, l'on pourra
consulter nos articles *De la sagesse socratique* (Bulletin Assoc.
G. Budé, 3, octobre 1971, pp. 353-367) et *La critique, source de
sagesse* (Bulletin Assoc. G. Budé, Lettres d'Humanité, 4, décembre 1973, pp. 519-528).

[7] R. Spitz (*Le non et le oui*, Paris, 1973, p. 29) écrit à propos des
mouvements céphalogyres négatifs du bébé affectivement carencé
et du geste de dénégation apparu beaucoup plus tard chez l'enfant
dit normal : séduit par une apparence extérieure identique, « l'observateur adulte risque d'interpréter ces mouvements céphalogyres
négatifs comme un refus de son approche ou comme un signe de
négativisme. Mais ceci constitue une interprétation adultomorphique.
Loin d'être un geste sémantique, les mouvements céphalogyres
représentent une régression à un stade auquel une communication
dirigée est impensable. »

les fantasmes personnels de l'observateur ont arrêtée ou déviée prématurément pour adopter un point de vue ou une manière d'être que l'inconscient de cet observateur recherchait obscurément, pour transformer en certitude une hypothèse psychiquement très investie.

Si nous en venons à d'autres aspects de notre travail d'interprétation, remarquons d'abord que toute attitude de l'enfant arriéré mental doit être considérée dans son ensemble. Les éléments qui la constituent ne peuvent être séparés ou isolés de leur contexte.

En d'autres termes, ils n'acquièrent, chacun, une signification que par rapport aux autres. Plus exactement peut-être, ils s'éclairent mutuellement et ne se donnent un sens qu'à travers leurs relations réciproques.

Ils s'appuient en quelque sorte l'un sur l'autre, se révèlent complémentaires, ne jouent un rôle ou ne remplissent une fonction qu'en tant qu'ils dépendent, pour ainsi dire, de l'ensemble au sein duquel ils se situent.

L'interprétation que nous pouvons dès lors en donner n'est donc point univoque : elle varie pour un même fait, une même situation dans une mesure parfois très considérable selon, si l'on ose dire, l'environnement : les circonstances, toujours particulières, relatives et bien définies, les antécédents, les conséquents.

Il s'agit certes d'être très attentif et sans cesse, pourrions-nous dire, aux aguets afin qu'aucun élément, si minime qu'il puisse être, n'échappe à notre investigation dans la mesure où, souvenons-nous en, le fait le plus minuscule, le geste le plus ténu ou leur absence... peuvent quelquefois (plus souvent que nous ne l'imaginons à première vue) nous fournir la clef d'un comportement, d'une attitude jusqu'alors incompréhensibles à nos yeux, peuvent nous révéler tout à coup, en une subite illumination, ce qui nous était donné auparavant sans que nous ne puissions néanmoins l'apercevoir, soit que nous fussions victimes de nos projections et fantasmes personnels, soit qu'une pièce manquât au puzzle que nous offrait jusqu'alors le petit arriéré mental... [8]

Il s'agit donc d'entreprendre une analyse détaillée de chaque petit fait, une analyse qui, à la limite, ne laisse aucun élément, si infime fût-il, dans l'ombre mais il ne faut jamais, répétons-le, perdre l'ensemble de vue de telle sorte qu'il nous faut toujours replacer ce petit fait dans son contexte dans la mesure où il en acquiert alors un éclairage qui, seul, nous le révèle, en définitive, dans sa signification fondamentale.

Certains affirment que « les débiles mentaux ne sont pas seulement limités manuellement ou dans leur aptitude

---

[8] Nous retrouvons une fois de plus l'influence souvent très déformatrice de nos motivations personnelles. Ainsi que l'écrit M. Egg (*L'éducation de l'enfant retardé*, Neuchatel, 1973, p. 38) à propos du pédagogue devant s'occuper de petits arriérés mentaux : celui « dont la vie est remplie de problèmes non résolus pourra à peine trouver suffisamment de disponibilité intérieure pour les caractères problématiques complexes de ses élèves. C'est pourquoi il faut considérer le travail permanent de réforme intérieure comme la préparation la plus importante à la psycho-pédagogie. Et ceci n'est pas seulement valable pour les parents mais pour toutes les personnes qui s'occupent d'éducation de débiles mentaux. Par conséquent, dans cette profession, il faudrait écarter toutes les personnalités présentant le moindre trouble, ce qui est assurément difficile car ce sont souvent les existences qui font naufrage qui se sentent entraînées vers les arriérés. »

à se mouvoir mais aussi dans leur fantaisie créatrice » [9].
Ils ne seront jamais « dans le domaine créateur en état
de réaliser quelque chose de vraiment valable, quelque
chose qui puisse soutenir la comparaison avec des œuvres
de personnes saines » [10]. C'est parce que « leur faculté de
perception, leur don d'observation (se révèlent) insignifiants » [11] car « ils voient mais n'observent pas, ils enten-
dent mais n'enregistrent pas, ils pensent mais ne réflé-
chissent pas… » [12].

D'autres soutiennent certes que « la rareté de l'arriération
neurologique ne permet pas de trouver dans le processus
organique que nous connaissons, d'explications valables au
fait de la débilité mentale » [13]. Ils connaissent en effet
« tels enfants atteints d'hémiplégie spastique correspondant
en principe à une lésion corticale limitée et qui sont des
arriérés profonds, d'autres qui ont le même syndrome
clinique et la même lésion anatomique restent des débiles
légers voire même de niveau limite » [14]. Ils rencontrent
aussi tels « enfants porteurs de gros foyers d'atrophie
cérébrale avec une hémiplégie spasmodique correspondante
dont le développement intellectuel est quasi normal ou à
peine retardé » [15].

Ils en déduisent « que le développement intellectuel est
irréductible à des données anatomiques ou anatomo-
pathologiques » [16] et que « cette conclusion n'est au fond

[9] M. Egg, *L'éducation de l'enfant retardé*, p. 115.
[10] M. Egg, *L'éducation de l'enfant arriéré*, p. 115.
[11] M. Egg, *L'éducation de l'enfant arriéré*, p. 154.
[12] M. Egg, *L'éducation de l'enfant arriéré*, p. 156.
[13] R. Fau, B. Andrey, J. Le Men, Dehaudt, *Psychothérapie des débiles mentaux*, Paris, 1970, 2e éd., p. 26.
[14] Fau et Coll., *op. cit.*, p. 28.
[15] Fau et Coll., *op. cit.*, p. 7.
[16] Fau et Coll., *op. cit.*, p. 28.

qu'un aspect particulier de l'irréductibilité de la personne humaine à des structures nerveuses. L'esprit se définit par le fait qu'il est un dépassement des structures et la vie de l'esprit est un mode de vie nouveau, original, différent de la vie des structures nerveuses qui lui ont donné naissance. C'est ici qu'apparaît en matière de débilité ou d'intelligence la limite de la connaissance neurologique » [17].

Toutefois, lorsqu'ils abordent le problème de la créativité de l'enfant débile, lorsqu'ils étudient plus précisément la méthode du dessin en psychothérapie, ils soutiennent qu'une semblable méthode leur « paraît hérissée de difficultés et de pièges chez le débile. Le thérapeute risque de commettre de lourdes erreurs, de (tomber dans le traquenard) des surinterprétations, de l'interprétation trop poussée du dessin du débile parce que celui-ci est incapable de trouver un moyen rationnel d'exprimer son sentiment... Les troubles moteurs du débile sont tels et sa réalisation visuo-temporelle est si vague qu'il est souvent incapable de dessiner une figure sans la déformer profondément. On risque alors de donner un sens à ce qui n'est qu'une impossibilité de projection et un déficit des fonctions praxiques et motrices. Dans ces conditions, l'interprétation perd toute valeur »; en conséquence, « cette méthode psychothérapique valable chez l'enfant intelligent, nous paraît à rejeter chez le débile » [18].

Notre propos est de reprendre l'étude de ces problèmes à partir de notre expérience en nous appuyant sur les cas qu'en seize ans d'activité nous avons pu connaître.

Nous en avons choisi un certain nombre que nous présentons en ces pages; ils ne nous paraissent pas plus signi-

---

[17] Fau et Coll., *op. cit.*, p. 29.
[18] Fau et Coll., *op. cit.*, pp. 200-201.

ficatifs que beaucoup d'autres que nous ne mentionnons pas ici.

Leur analyse approfondie constitue à nos yeux une voie de recherche particulièrement précieuse en vue d'esquisser sinon une solution du moins une approche des problèmes soulevés, en vue d'entreprendre un examen critique des points de vue que nous venons de citer.

Pour notre part, l'expérience nous enseigne depuis de longues années qu'il suffit que l'adulte (éducatrice, psychologue, médecin ou tout autre membre de l'équipe éducative y compris la femme de peine) se mette *réellement à l'écoute* de l'enfant arriéré mental et le considère, en dépit de ses déficiences aussi nombreuses que parfois fondamentales, comme *source de langage et de désir,* comme *pôle de signifiance,* pour que l'attitude de cet enfant se révèle soudain *porteuse de sens* et constitue un *appel au dialogue,* au sein même et par l'intermédiaire de l'arriération mentale considérée comme pôle de référence, sans qu'une activité projective ou fantasmatique de l'adulte n'interfère d'une manière excessive.

En d'autres termes, cette arriération mentale nous apparaît comme une réaction, comme une *réponse* de l'enfant à un traumatisme initial, d'origine physiologique ou sociale, comme un *appel,* comme une *demande* de cet enfant à l'égard de son entourage.

Ne constitue-t-elle point en définitive, comme toute situation humaine, un moyen pour l'enfant d'*amorcer,* d'*espérer* un dialogue grâce auquel il pourra, *s'il est écouté,* faire face *avec autrui* à ses traumatismes et à ses déficiences ?

Les pages qui suivent, sans nourrir la prétention de répondre à cette question, s'efforceront néanmoins par l'intermédiaire des cas étudiés de poser quelques jalons et d'introduire sinon le débat du moins le problème.

C'est pourquoi nous n'allongerons point davantage cette brève introduction dans la pensée que rien n'importe plus que de se référer au matériel clinique lui-même.

Avant d'en arriver là, nous prions cependant nos lecteurs de se souvenir que nos interprétations, s'affirmant *personnelles*, ne se veulent point *objectivement exhaustives*, et que toute parole *écrite* simplifie, *chosifie* et *caricature fondamentalement* l'aspect *littéralement* INEFFABLE de la *relation* psychothérapique ainsi qu'un de nos *maîtres*, Platon, l'un des premiers psychothérapeutes de l'Occident, l'avait déjà découvert...

CHOIX DES CAS

Aucun critère — conscient... — n'a présidé au choix des enfants étudiés ci-dessous.

Nous avons toutefois respecté deux principes fondamentaux.

Nous avons, d'une part, voulu que l'ensemble des cas analysés recouvre, autant que faire se pouvait, l'éventail des différentes catégories d'arriérés mentaux : légers, moyens, profonds... leur arriération s'accompagnant ou non de troubles dits associés tels que ceux, par exemple, issus d'une infirmité motrice cérébrale; pour chacune de ces catégories, nous avons retenu plusieurs cas, parmi un grand nombre, sans qu'aucun critère précis, répétons-le, ne nous guide à part une motivation inconsciente...

C'est de propos délibéré que nous avons adopté cette ligne de conduite : nous voulons en effet présenter aux lecteurs un ensemble de dossiers que l'on pourrait en quelque sorte qualifier de « tout venant », un ensemble en définitive d'autant plus significatif peut-être qu'il se révèle banal et pour ainsi dire interchangeable; en fait, les cas choisis témoignent de nombreuses similitudes ou analogies avec les innombrables autres arriérés mentaux que nous avons pu observer et traiter au cours d'une carrière déjà très longue.

Cette *banalité* des dossiers retenus nous paraît au fond d'une importance considérable dans la mesure où les enfants étudiés ci-après n'ont rien, en tant qu'arriérés mentaux, d'exceptionnel aussi bien dans leurs troubles que dans leurs réactions : ils appartiennent tous, si nous osons dire, à la catégorie la plus nombreuse et la plus banale, celle qui ne pose aucun problème particulièrement aigu, celle que l'on rencontre le plus souvent dans les instituts médico-pédagogiques et les classes de perfectionnement...

Dès lors, la signification que nous reconnaissons, que nous attribuons à l'attitude et aux réactions des enfants étudiés ci-après peut elle-même convenir — au moins dans ses lignes essentielles et sa structure fondamentale — au comportement de ceux, innombrables, qui constituent la catégorie la plus courante, la plus répandue d'arriérés mentaux.

En conséquence, les cas analysés en ce livre possèdent à nos yeux un caractère *exemplaire* (découlant de leur *banalité* elle-même) que nous ne pouvons pas, nous semble-t-il, négliger ou sous-estimer.

Leur aspect *tout-venant* leur donne, beaucoup moins paradoxalement qu'il ne paraît à première vue, une portée *générale* dont il importe de prendre conscience.

Ils se révèlent en définitive les *témoins* ou les *représentants* ni plus ni moins *typiques* d'une catégorie particulièrement nombreuse d'arriérés mentaux.

Un second principe a guidé notre choix.

Une règle élémentaire de la recherche psychologique expérimentale exige que l'on établisse à côté du groupe que l'on a résolu d'étudier, ce que l'on a coutume de nommer un *groupe-témoin* afin d'élaborer un système comparatif et référentiel susceptible de préciser les conditions de validité du résultat des recherches entreprises.

Nous n'avons pas manqué évidemment d'obéir à cette exigence méthodologique et c'est pourquoi nous avons constitué non pas un mais deux groupes-témoins d'enfants à l'intelligence reconnue comme normale aussi bien par les tests que par leur activité scolaire.

Le premier de ces groupes se compose de garçons et de filles n'ayant *a priori* aucun trouble psychologique considérable et vivant en famille, une famille psychiquement équilibrée en principe.

Le second de ces groupes réunit des enfants hébergés en internat, dont la situation familiale se révèle plus ou moins perturbée mais dont les résultats scolaires, analogues à ceux du premier groupe, témoignent d'une intelligence que l'on peut considérer comme normale.

Ces enfants-témoins, lors des contacts nombreux qu'ils ont eus avec nous, ont été placés dans des conditions en tous points semblables à celles que connurent les arriérés mentaux : nous avons, avec eux, joué, mangé, travaillé : nous les avons observés en famille ou à l'internat de même qu'en classe...

Nous ne pouvons bien entendu les présenter tous à nos lecteurs; notre choix forcément très limité ne repose, tout comme pour les arriérés mentaux, sur aucun critère conscient sauf qu'une fois encore, les dossiers retenus appartiennent à la catégorie la plus courante et la plus répandue, celle, pourrions-nous dire, de l'enfant dit *moyen,* que l'on rencontre *a priori* partout, ni *meilleur* ni *pire* que beaucoup d'autres...

En cours de travail, le déroulement de nos recherches nous a conduit à estimer qu'un troisième groupe-témoin, en quelque sorte à la charnière du groupe des arriérés mentaux, d'une part, et des deux premiers groupes-témoins, d'autre part ,pourrait, loin de se révéler superflu, apparaître comme particulièrement utile et constituer à son tour un point d'appui et de référence très précieux.

Ce groupe se constitue d'enfants atteints essentiellement d'infirmité motrice cérébrale mais disposant d'une intelligence reconnue comme normale. Certains d'entre eux vivent en famille, d'autres en internat.

Lors de leurs contacts avec nous, ils ont connu les mêmes conditions de vie et de travail que les trois premiers groupes.

Le choix que nous avons opéré parmi leurs dossiers en vue d'en présenter quelques-uns à nos lecteurs s'est fondé, si nous osons dire, sur une même absence de critère conscient. Les cas retenus ne nous apparaissent ni plus ni moins *typiques* que ceux dont nous ne parlerons pas.

Nous n'avons pas cru bon devoir isoler en chapitres distincts les observations cliniques d'arriérés mentaux, d'une part, et de chacun des trois groupes-témoins, d'autre part.

Nous avons enfreint cette exigence méthodologique élémentaire pour que nos lecteurs puissent prendre conscience à leur tour, d'une certaine manière, grâce à ce *pêle-mêle,* de ce qui nous a, pour notre part, le plus frappé : au cours de nos contacts avec les arriérés mentaux, nous n'avons jamais eu l'impression d'être en face d'enfants *fondamentalement différents* de ceux qui constituaient nos groupes-témoins. A la limite, ils nous paraissaient tous, au contraire, comme leur étant essentiellement *semblables,* en dépit du caractère irréductiblement particulier de chacun d'eux.

Plus exactement, leur attitude se révélait telle que nous avions tendance spontanément à enlever à ces arriérés mentaux leur étiquette pour ne plus voir en eux que Patrice, Murielle, Didier aussi bien qu'Agnès, Isabelle ou Alain, ces derniers appartenant aux groupes-témoins.

Ainsi, notre expérience fut, nous semble-t-il, analogue à celle que mentionne M. Egg quand elle écrit : « Lorsqu'un psycho-pédagogue peut s'écrier spontanément devant une enfant mongoloïde « Marguerite est tout simplement charmante », il a affirmé quelque chose de très important » [1] dans la mesure où il *oublie* réellement alors ce que l'on nomme l'arriération mentale de cet enfant pour ne plus voir en lui qu'un garçon ou une fille tout à la fois semblable aux autres et profondément original, d'une originalité ne découlant point de ses troubles en tant que tels mais identique à celle, irréductible, de tout être humain.

Cette expérience nous paraît banale et allant de soi; elle constitue à nos yeux un truïsme et nul, pensons-nous, ne la contredira, du moins tant qu'elle demeure en quelque sorte à l'état de texte ou d'opinion simplement émise. Notre activité professionnelle nous apprend néanmoins depuis longtemps que beaucoup d'adultes, y compris un très grand nombre de « rééducateurs », éprouvent le plus grand mal à *vivre* cette expérience même s'ils en admettent, intellectuellement pourrions-nous dire, la réalité .

C'est pourquoi, dès lors, nous n'avons point voulu par une structuration certes logiquement admissible, isoler, séparer les enfants dit « arriérés-mentaux » des autres.

Ce refus *symbolise* en effet à nos yeux, d'une certaine manière, une expérience fondamentale que nous ne pouvons négliger, encore moins renier.

---

[1] M. Egg, *L'éducation de l'enfant retardé, pp. 38-39.*

OBS. Nº 1 - DIDIER L...

Didier venait d'avoir ses dix ans lorsqu'une de nos amies, jeune institutrice rurale, nous le présenta.

Au sein d'une classe unique d'un village très retiré, dans une région montagnarde économiquement peu développée, elle avait, au début de l'année scolaire, remarqué ce garçonnet aux membres grêles, aux yeux caves, toujours misérablement vêtu d'un tablier à l'odeur d'urine qui dissimulait tant bien que mal l'absence de toute culotte.

Il se montrait incapable de suivre ne fut-ce que le cours préparatoire mais demeurait au fond de la classe, le pouce en bouche, l'air quelque peu traqué, inerte jusqu'au moment où, en possession d'une feuille de papier, il la gribouillait pour la manger ensuite à demi.

Il se mouillait, souillant son pupitre, et n'avait aucune réaction immédiate; selon la manière — plus ou moins rude — dont on le réprimandait, il témoignait d'une indifférence apparente ou fondait en larmes silencieuses.

Interrogés, ses camarades se contentait de répondre que Didier ne savait rien faire d'autre mais qu'il les « embêtait parce qu'il puait ». Ils n'avaient point à son égard une attitude franchement agressive mais il apparaissait tout de même un peu comme leur souffre-douleur ou leur bouc-émissaire.

La jeune institutrice eut tôt fait de rendre visite à la famille. Elle découvrit une maison dépourvue du confort le plus rudimentaire, au bout d'un chemin de rocaille, à l'écart du village. Une pièce unique, au sol de briques pilées, sans fenêtre, la constituait. Le mobilier se réduisait à un poêle, une table, un coffre, un banc et un amas de couvertures plus que douteuses près de la cheminée.

Une femme, tout en grignotant du pain, voulut d'abord interdire l'accès de la chambre à l'institurice mais Didier lui dit que c'était « la maîtresse ». Sans perdre son air soupçonneux et revêche, la femme permit à la visiteuse de pénétrer dans la pièce.

L'institutrice apprit sans trop de peine que son interlocutrice était ouvrière agricole, qu'elle se plaçait pour de petits travaux dans les fermes des environs mais qu'il y avait « beaucoup de morte-saison », qu'elle était la tante de Didier, recueilli à l'âge de dix-huit mois, à la mort de ses parents, qu'elle « l'aimait beaucoup, ce petiot, en dépit du *tourment* qu'il lui donnait », qu'il avait séjourné à plusieurs reprises en hôpital mais que « toujours, l'assistante sociale le lui avait rendu » parce que, n'est-ce-pas, « elle était une femme honnête » !

L'institutrice comprit que l'enfant n'était pas maltraité mais qu'il souffrait *uniquement* (si l'on ose dire...) d'une profonde carence éducative, psychique aussi bien que matérielle. Elle apprit aussi qu'au village cette femme n'était point trop mal considérée, qu'on la plaignait au contraire d'avoir la charge de Didier, « un brave gosse certes mais tout à fait *demeuré* », que l'idée ne leur était jamais venue de l'aider ou d'avertir les autorités. (« Ce sont ses affaires, n'est-ce-pas... »)

L'institutrice nous avertit en même temps que l'assistance sociale de la D.A.S.S., responsable du secteur; l'enfant fut presque aussitôt retiré à sa tante pour « raisons de santé » et après un séjour de deux mois à l'hôpital où l'on constata une profonde dégénérescence physiologique, fut admis dans un aerium spécialisé où nous pûmes l'examiner tout à loisir et entreprendre une psychothérapie grâce à la bienveillante compréhension de la directrice de l'établissement.

En raison de nos rapports réguliers avec la D.A.S.S. et avec les instances supérieures des hôpitaux où le garçonnet avait été soigné à différentes reprises, il nous fut possible, au terme de patientes recherches, de retrouver la trace des séjours hospitaliers de l'enfant; nous pûmes ainsi, au moins dans ses grandes lignes, reconstituer l'anamnèse du développement psychosomatique de Didier.

Celui-ci, le fils cadet d'un ouvrier qualifié et d'une bonne à tout faire, perdit ses parents à dix-huit mois. Il fut à cette époque mis en pouponnière où l'on constata un développement tout à fait normal tant psychique que physiologique du garçonnet.

Quelques semaines plus tard, il fut confié à sa tante. L'enquête sociale avait conclu que cette personne « était capable de l'élever quoique d'un milieu fruste ».

Au fil des années, soit à la demande de la tante elle-même, soit en conséquence d'une visite d'inspection ou d'un examen médical, Didier fut tantôt hospitalisé, tantôt admis en aerium pour plusieurs mois, entre sa troisième et sa huitième année, à cinq reprises.

Il fut, toujours, rendu à sa tante parce que « celle-ci, visiblement l'aimait bien » (elle venait souvent le voir à l'hôpital ou prenait régulièrement de ses nouvelles; l'enfant, en outre, lui « paraissait très attaché ») et parce que, « en dépit d'un habitat dépourvu de confort », rien ne justifiait apparemment « d'un point-de-vue légal, une mesure de retrait ».

Au long des années, les rapports médicaux et psychologiques indiquèrent toutefois une dégradation psychosomatique progressive de Didier; le dernier en date de ces rapports (dix-huit mois environ avant l'intervention de l'institutrice) signalait qu'il s'agissait « d'un débile mental léger » et précisait « qu'aucune raison ne justifiait qu'on l'enlevât à sa tante » car « en dépit de conditions rudimentaires d'habitat, l'enfant semblait bien entretenu... » Signalons ici qu'aussi bien lors des contrôles à domicile (toujours préalablement annoncés : détail essentiel, nous le verrons bientôt) qu'au moment de ses hospitalisations, le garçonnet se présentait correctement quoique pauvrement vêtu et sa propreté corporelle, sans être parfaite, se révélait suffisamment satisfaisante pour qu'il n'existât point, aux yeux des autorités, de raison d'intervenir et qu'il importait en conséquence « dans l'intérêt des familles » de laisser Didier chez sa tante « au bon air de la montagne »...

Un premier examen psychologique du garçonnet fut effectué par nos soins, un mois environ après son entrée à l'hôpital. Il s'accompagna d'une observation clinique attentive que nous entreprîmes en collaboration avec les aides-puéricultrices du Service.

Un second examen, résultant d'une investigation que nous avions décidée plus approfondie, eut lieu à son entrée en aerium. Il confirma ce que nos premières analyses nous avaient appris.

Reproduisant les conclusions du rapport que nous rédigeâmes, nous signalerons d'abord que, sans être vraiment inhibé, le petit garçon nous considéra au début avec méfiance. Nous perçûmes une angoisse diffuse sous une timidité quelque peu effarouchée. Toutefois, lorsque nous eûmes réussi à établir un contact satisfaisant, l'attitude de Didier se métamorphosa : il se fit tout sourire, devint volubile et se montra de plus en plus accaparant : de toute évidence, il entreprit de nous séduire, de nous amadouer afin de réduire ce qu'il croyait être notre hostilité à son égard dans la mesure où, privé jusqu'alors de relations réellement affectueuses, son inconscient, affectivement immature, présupposait ou projetait en autrui une agressivité fondamentale.

Dès lors l'angoisse que nous avions perçue au début de l'examen demeura mais il tenta de la juguler par une attitude extérieure apparemment euphorique susceptible à ses yeux de désarmer notre hostilité éventuelle.

Une telle anxiété pourrait, à première vue, surprendre; en fait, sa présence se révélait tout à fait normale dans la mesure où, répétons-le, n'ayant jamais rencontré auparavant d'adulte qui voulût bien lui montrer ce que c'était que l'aimer, le garçonnet, semblable en ce domaine à bien d'autres, n'avait pu expérimenter du monde extérieur que son aspect désagréable et dangereux; dès lors, il n'imaginait point que ce monde extérieur pût avoir d'autres caractères plus favorables.

C'est pourquoi il tentait par une attitude souriante et apparemment sereine, d'*exorciser*, pourrions-nous dire, l'hostilité qu'il imputait au monde extérieur. En outre, cette attitude euphorique visait à le leurrer lui-même, à lui donner le change en quelque sorte dans la mesure où il devinait, au niveau de l'inconscient, que son équilibre psychique, déjà précaire, ne résisterait pas à l'expression *clairement avouée* et pour ainsi dire *plénière* de son angoisse.

Son attitude à l'égard des aides-puéricultrices se révéla analogue : d'abord timide et réservé, il s'apprivoisa ensuite sans difficulté apparente et tenta de les séduire, du moins celles qui lui semblaient les plus disponibles et les mieux disposées à son égard. Il unit alors une docilité plus extérieure que réelle à une demande fort claire de pouponnage mais ne manqua jamais de se réfugier aussitôt dans une passivité sournoisement agressive dès qu'il sentait soit une réticence, *a fortiori* un refus, soit au contraire une réponse trop empressée qui lui apparaissait dès lors comme une menace d'*envahissement* ou d'*asphyxie,* source pour lui d'une profonde insécurité psychique. Il s'enfermait ainsi en un cercle vicieux dans la mesure où il décourageait toute réponse trop claire à son désir d'être pouponné.

La volubilité qu'il manifesta au cours de l'examen de même qu'au sein du Service nous parut empreinte d'une indéniable puérilité, correspondant en tous points à son niveau intellectuel que les tests psycho-métriques situèrent aux alentours de 66. Elle s'accompagnait d'une profonde immaturité affective caractérisée au niveau de la vie quotidienne par un ensemble d'attitudes psychiquement très régressives et tout à fait traditionnelles en pareil cas : énurésie diurne et nocturne régulière, *caprices* alimentaires, plaisir non dissimulé lors des soins de la toilette (surtout au moment où son aide-puéricultrice préférée le faisait manger, le baignait ou le changeait), grande instabilité dans toutes les activités y compris les jeux (il fallait, pour qu'il fît preuve d'un peu de constance en ce domaine que son infirmière favorite jouât avec lui), tendance très nette, fort puérilement exprimée, de *capter* l'attention d'autrui.

Une légère propension à la stéréotypie gestuelle se remarquait aussi : le garçonnet se frottait les mains, se bouchait les oreilles sans raison apparente, il disposait ses aliments au début des repas d'une manière toujours identique et n'acceptait de les manger qu'au terme de ce rituel compulsivement accompli, il ne pouvait s'endormir sans s'être au préalable étroitement bordé d'une façon toujours identique, après quoi il se mettait le pouce en bouche et se berçait avec énergie. Tous ces comportements ritualisés révélaient une tendance au prépsychotisme que les tests projectifs nous confirmèrent.

Ceux-ci nous apprirent en outre que le garçonnet développait certains troubles liés, d'une part, à l'absence de tout pôle viril et de point de repère masculin, et, d'autre part, à une relation très perturbée avec l'élément maternel que sa tante symbolisait : une double ambivalence se manifestait en ce domaine : tout d'abord, l'enfant se sentait tantôt abandonné, tantôt emprisonné et agressé par sa tante; ensuite, il se trouvait tout aussi sérieusement tiraillé entre son désir de s'accrocher à celle qui lui tenait lieu de mère, et sa tentation de lui témoigner de l'hostilité dans la mesure où tout à la fois, elle l'étouffait et l'abandonnait; enfin, il se sentait cruellement partagé entre une profonde culpabilité et une propension à nier celle-ci dans la mesure où, lui cédant, il craignait de ruiner son équilibre psychique déjà très fragile.

C'est en raison de cette ambivalence multiple et de ces tensions diverses que Didier, ne sachant plus comment les surmonter et les réduire, exprimait une tendance légère quoique indéniable au prépsychotisme.

Avant d'aller plus loin, tirons les premières conclusions de notre brève analyse.

Remarquons d'abord que l'anamnèse du cas étudié nous apprend qu'au début de son évolution, le garçonnet ne présentait aucun trouble du développement psychique; au fil des années toutefois, un retard est apparu, prenant peu à peu une ampleur toujours plus considérable de telle sorte que, dix-huit mois environ avant notre examen, l'un de nos prédécesseurs l'étiquetait comme « débile mental léger » tandis qu'au moment de notre analyse, un an et demi s'étant écoulé à nouveau, son quotient intellectuel accusait une baisse sensible.

Remarquons en outre que les tests projectifs, de même que l'observation clinique, révélaient une immaturité affective très profonde qu'une forte angoisse, accompagnée d'une culpabilité non moins intense, caractérisait essentiellement.

Cette anxiété découlait, répétons-le, d'une absence de toute image paternelle de même que d'une ambivalence conflictuelle vis-à-vis du point de repère maternel, le tout entraînant une tendance réactionnelle au prépsychotisme.

Devant cet ensemble d'éléments, il nous parut opportun de prendre contact avec la tante du garçonnet en vue d'entreprendre, autant que faire se pouvait, une étude approfondie des relations de celle-ci et de son neveu.

En dépit de difficultés que l'on devine sans peine, nous découvrîmes en cette femme à l'égard de Didier une pulsion agressive, soigneusement refoulée qu'accompagnait une non moins vive culpabilité.

Cette agressivité nous parut découler d'une jalousie, sérieusement censurée, de la tante du garçonnet à l'encontre de son frère, jalousie fondée initialement sur une rivalité fraternelle dont la caractéristique, nous sembla-t-il, résultait d'une projection sur ce frère d'un attachement œdipien au père, attachement non subsumé, avec tendance subséquente au rejet de la condition féminine et désir complémentaire de la masculinité. Cette jalousie inconsciente s'était cristallisée et renforcée au moment où ce frère, tout à la fois secrètement aimé et passionnément détesté, avait connu une réussite sociale relative (niveau de l'ouvrier qualifié) que sa sœur n'avait jamais pu atteindre.

Lorsque les parents du garçonnet étaient morts, la tante de Didier avait aussitôt entrepris toutes les démarches en vue de le recueillir et avait projeté sur lui ses pulsions inconsciemment agressives et culpabilisées; c'est pourquoi son attitude oscillait sans cesse entre l'abandon et l'étouffement, l'amour et la haine (un amour abusif, une haine honteuse); c'est pourquoi elle avait agit de telle sorte, au fil des années, qu'il n'y eût aucune raison apparente de lui retirer l'enfant : elle récurait sa masure dès qu'une visite d'inspection lui était annoncée et veillait à la propreté du garçonnet lorsqu'il était sur le point d'être hospitalisé.

Cette ambivalence affective, où les éléments négatifs l'emportaient largement sur les aspects positifs, agissait, on le comprendra sans peine, d'une manière particulièrement nocive sur le psychisme de Didier qui ne pouvait dès lors, en réaction défensive, que régresser de plus en plus (sous les apparences d'une débilité mentale progressive) et céder toujours davantage à la tentation de la psychose.

Peu après son entrée en aerium et en conclusion d'un nouvel examen psychologique confirmant ce que nous savions déjà, nous jugeâmes opportun d'entreprendre une psychothérapie du garçonnet.

Sans vouloir analyser dans ses détails le matériel de cette psychothérapie qui n'est point encore terminée, nous en retracerons brièvement les phases successives, nous contentant de commenter d'une manière plus approfondie certains documents particulièrement significatifs.

En guise d'introduction, nous voudrions présenter un premier *dessin libre* (c'est-à-dire spontanément conçu et exécuté en dehors de toute influence extérieure) du garçon-net grâce auquel son inconscient exprime ce qu'il éprouve au contact de sa tante.

Ce dessin, tracé au crayon-feutre multicolore, représente à droite une maison au toit pointu couvert de tuiles rouges, aux fenêtres aveugles placées sous la corniche, et à la porte en arc de cercle sans poignée. Un pignon latéral est esquissé où se devine une autre porte plus petite. L'ensemble de la maison se révèle vétuste et bancal.

Non loin d'elle se distingue un petit garçon aux bras et aux jambes minuscules, dont la silhouette s'engonce dans une espèce de camisole de force d'où émerge toutefois le sexe du garçonnet, dessiné sans la moindre équivoque.

A deux pas de l'enfant, vers le milieu de la feuille, apparaît un buisson derrière lequel se dresse, menaçante, une vipère.

Enfin, à gauche, l'on aperçoit une rivière tumultueuse.

Dans le ciel, un soleil aux rayons en pattes d'araignée surplombe la maison tandis qu'un certain nombre d'oiseaux aux grandes ailes noires semblent piquer sur le garçonnet.

Didier accompagne ce dessin du commentaire suivant, transcrit avec une rigoureuse exactitude : « Le petit garçon sort de la maison pour aller jouer dans l'eau mais sa maman lui avait défendu. Il y a un serpent derrière le buisson qui va le piquer. Il le guette. Le petit garçon va mourir. La maman va pleurer et dire qu'il fallait pas qu'il désobéisse ».

Remarquons d'abord que pour Didier, une incartade relativement mineure entraîne une punition radicale : la mort, infligée non point directement par la mère mais par un serpent, symbole de la toute-puissance coërcitive maternelle. Le garçonnet éprouve donc celle-ci comme particulièrement redoutable.

La façon dont il expose la réaction de la mère va dans un sens analogue : elle pleure certes mais estime que le châtiment était mérité; elle ne paraît pas autrement émue.

Il est évident que Didier s'identifie au petit garçon tandis que sa tante se révèle à ses yeux un substitut maternel incontestable.

Il présente celui-ci comme fort sévère mais la façon dont Didier exprime cette rigueur nous incite à croire qu'il la ressent comme inévitable en même temps que méritée.

Dans une perspective analogue, les oiseaux dont les ailes noires semblent foncer sur lui nous paraissent indiquer que l'inconscient du garçonnet éprouve le monde extérieur sous un aspect particulièrement hostile et dangereux; cela ne nous étonne nullement dans la mesure où nous savons — loi psychologique fondamentale — que le jeune enfant vit ses relations avec le monde extérieur sur le *modèle* de ses rapports avec sa mère ou le substitut de celle-ci; or, avons-nous vu, la tante de Didier témoigne à son égard d'une attitude très ambivalente où l'élément agressif joue un rôle considérable; dès lors, il est, nous semble-t-il, normal que le garçonnet considère inconsciemment le monde extérieur comme dangereux et implacable.

C'est ce qui explique à nos yeux la manière dont Didier a représenté la maison : celle-ci paraît vétuste et close. Si nous nous souvenons que le dessin enfantin de la maison symbolise l'enfant lui-même dans ses relations avec son entourage, nous nous apercevons que Didier, devant ce qu'il croit être la rigueur impitoyable de sa tante, substitut maternel, et, en conséquence, du monde extérieur, se sent particulièrement démuni et dépourvu de ressources; il se vit comme un être impuissant, faible et complètement dévalorisé, un être finalement voué à la *mort* (c'est pourquoi celle-ci l'atteint à la première incartade...). Le toit pointu, symbole d'agressivité, représente le désir inconscient du garçonnet de commettre une faute, aussitôt rigoureusement sanctionnée.

La manière dont il s'est représenté va dans un sens analogue : ses membres minuscules et la camisole de force dont il est revêtu symbolisent son impuissance à nouer un ensemble de relations fructueuses avec son entourage; il se sent en quelque sorte prisonnier de lui-même aussi bien que du monde extérieur; il s'éprouve comme *aliéné* (sa débilité mentale, de toute évidence, ne l'aliène-t-elle point ?...); nous rencontrons ici une nouvelle expression de ce qu'il croit être son impuissance et sa faiblesse radicales... en dépit de sa virilité naïvement dévoilée (l'on se souviendra que sa tante, prétextant son énurésie, ne lui mettait point de culotte sous son tablier de telle sorte qu'en fait, sa verge s'offrait souvent au regard d'autrui sans qu'il en fut gêné en apparence...); dans cette perspective, son vêtement principal que sa tante lui imposait, devenait, au niveau symbolique, une camisole de force (exprimant ainsi le caractère implacable de la contrainte maternelle) tandis que sa verge exhibée traduisait ses pulsions agressives.

Ajoutons que le châtiment immédiat et inéluctable de ces pulsions dès qu'elles osent se manifester révèle la présence d'une profonde culpabilité, accompagnatrice traditionnelle en pareil cas du sentiment de dévalorisation et d'impuissance personnelles : « Si je me sens radicalement faible et démuni, raisonne en quelque sorte l'inconscient du garçonnet, c'est parce que j'ai commis une faute dont je mérite d'être puni... ».

Didier toutefois voudrait se libérer et retrouver la sécurité chaleureuse du sein maternel; il symbolise ce désir inconscient sous la forme d'une baignade dans la rivière; l'eau, souvenons-nous-en, rappelle au petit de l'homme le liquide amniotique au sein duquel il était immergé si confortablement avant sa naissance.

En d'autres termes, le garçonnet voudrait se libérer de sa condition d'impuissance foncière, de *débile mental* mais il croit que ce désir se révèle non seulement illusoire mais encore coupable et qu'il est puni de mort.

Peut-être aussi Didier pense-t-il inconsciemment ne pouvoir échapper que dans la mort à son destin d'enfant *aliéné,* en proie à l'angoisse, à la culpabilité et à l'impuissance devant une image maternelle agressive et dévoratrice (le soleil sous l'apparence d'une araignée symbolise, on le sait, en premier lieu la mère hostile et abusive...).

Ainsi donc, l'inconscient du garçonnet, incapable d'exprimer en langage rationnel ce qu'il éprouve au plus intime de lui-même, recourt au symbolisme graphique pour nous communiquer la manière dont il se vit dans ses relations avec son entourage : enfant radicalement démuni, livré à une angoisse intense qu'autrui, vécu comme hostile, ne peut l'aider à vaincre mais exacerbe au contraire, Didier tente, du sein même de sa débilité mentale, d'entrer en rapport avec nous par l'intermédiaire du symbolisme graphique. Dès lors, ce dessin, si puéril et si informe qu'il puisse paraître, acquiert une signification et nous interpelle en quelque sorte pourvu que nous lui prêtions attention. Plus exactement sans doute, Didier, dans la mesure où il exprime en cette œuvre ce qui constitue son problème fondamental et son originalité psychique, nous met, si nous osons dire, devant nos responsabilités de psychothérapeute. Il semble nous déclarer, d'entrée de jeu en quelque sorte, « me voici tel que je me perçois au plus intime de moi-même dans mes relations avec autrui. Je ne sais guère ce que tu me veux mais je me découvre à toi en toute simplicité, en toute franchise. J'attends ta réponse éventuelle... ».

Dans cette perspective, le dessin que nous venons d'analyser, exécuté au terme du second examen psychologique de Didier, nous paraît d'autant plus significatif qu'il se place, d'une part, à la fin d'une première prise de contact entre le garçonnet et le psychothérapeute et, d'autre part, au début d'un traitement dont Didier ne pouvait comprendre en toute clarté la raison d'être mais dont il pressentait l'importance et la signification. Il ne savait guère, pas plus que nous d'ailleurs, quel tour prendraient nos relations mais il devinait inconsciemment qu'elles nous impliqueraient l'un et l'autre d'une manière aussi profonde que radicale. Son attitude, dès l'instant où nous nous rencontrâmes, nous le fit bien comprendre et c'est pourquoi nous l'esquisserons brièvement.

Didier, aussitôt que j'entrai dans son champ visuel, tenta d'attirer mon attention mais il le fit avec une indéniable discrétion. Il désirait que je le remarque mais redoutait en même temps cette éventualité. Son regard se révélait tour à tour interrogateur et fuyant, quémandeur et indifférent. Je fis avec prudence ce que nous pourrions appeler *les premiers pas*. Il se dérida aussitôt, devint volubile et voulut dès lors m'avoir tout à lui. Ce qu'il me racontait, d'une insignifiance apparente (les menus incidents du Service hospitalier), me parut très rapidement un verbiage d'autant plus futile à première vue qu'il tendait à dissimuler et à refouler un désir de plus en plus violent de m'interpeller à propos de ce qui lui tenait le plus à cœur, de me révéler ce qui le constituait au plus intime de lui-même. Il ne cessa point de me faire partager ses jeux et de me demander à propos de la moindre vétille mon approbation; qui plus est, il prit l'habitude de me vouloir près de lui aux moments des repas et de la toilette; ses exigences ne s'exprimaient certes point ouvertement mais son attitude à mon égard à l'heure où l'aide-puéricultrice allait lui donner à manger, le mettre sur son pot ou le baigner, se révélait sans équivoque : d'une manière tantôt très adroite, tantôt très artificieuse, il tentait toujours de me donner un rôle, de m'imposer une tâche qu'il présentait comme indispensable au bon déroulement de son repas ou de sa toilette.

Sans jamais m'interroger en toute franchise sur le motif de son hospitalisation, il ne manquait point de me faire deviner qu'il se posait certaines questions à ce sujet : il adoptait alors une attitude courante en pareil cas : il me donnait, sous une forme volontairement très affirmative, une raison précise : « Ici, j'apprends à lire » ou « quand je ne ferai plus pipi dans ma culotte, je sortirai » ou « tante est fatiguée, j'attends ici qu'elle soit bien guérie » et attendait de ma part, à chaque fois, une approbation sans équivoque... Son angoisse transparaissait visiblement sous ces questions indirectes de même que sous sa volubilité trop nettement souriante pour ne point dissimuler une anxiété d'autant plus intense qu'elle n'osait ou ne pouvait s'exprimer ouvertement.

Il parlait souvent de sa tante : « Tante m'apporte des bonbons, me disait-il. Elle aime que je sois bien sage ici. Je suis bien content » ou « Tante est fatiguée. Elle doit se reposer pour moi ». Ces réflexions revenaient sans cesse sous une forme ou sous une autre. Elles prenaient un ton souvent très laudateur, un ton oserions-nous dire agressivement laudateur dans la mesure où leur caractère indéniablement outrancier constituait une réaction défensive et compensatrice face à une agressivité malaisément refoulée déclenchant une angoisse intense de même qu'une non moins profonde culpabilité.

L'attitude ambiguë de sa tante n'échappait pas à son inconscient : « Elle m'apporte des bonbons » exprimait symboliquement l'aspect positif de cette attitude tandis que « elle aime que je sois bien sage ici » et « tante est fatiguée. Elle doit se reposer pour moi » traduisaient, d'une part, son caractère contraignant et, d'autre part, son ambivalence : Didier semblait dire : « Tante est fatiguée à cause de moi; j'en suis responsable, donc coupable. C'est le souci que je lui donne qui l'oblige à se reposer » mais aussi : « Elle prend du repos pour m'accueillir ensuite avec plus de disponibilité ». Le sens équivoque de ses phrases constituait une traduction symbolique de l'attitude ambiguë de sa tante et le « Je suis bien content » que Didier répétait avec régularité résumait, pourrions-nous dire, cette ambiguité dans la mesure où il exprimait ainsi tout à la fois sa soumission vis-à-vis d'elle : « Elle aime que je sois bien sage ici; donc, j'aime de l'être » et sa culpabilité dans la mesure où son hospitalisation lui apparaissant comme une punition de son indocilité, il aimait en quelque sorte d'être châtié et considérait la rigueur de sa tante comme normale et inéluctable : en un mot, il était content parce que tout à la fois elle était bonne (elle lui apportait des bonbons) et le punissait (elle le mettait à l'hôpital). Plus exactement peut-être, il était content parce qu'elle était en même temps un bon et un mauvais objet; il demeurait ainsi incapable d'opérer un clivage entre ces deux aspects de l'image maternelle et cette impuissance aggravait d'autant plus ses difficultés de repérage et sa culpabilité angoissée.

Certaines de ses réponses aux tests projectifs dévoilaient une tendance analogue : deux exemples suffiront à le

montrer; nous emprunterons le premier aux *Fables* de
L. Düss *L'oisillon* et *L'agneau* et le second, d'une part, à
l'*Histoire des trois personnages* de Backès et, d'autre part,
à un psycho-drame.

Rappelons d'abord brièvement ce qu'est le test des *Fables*
de L. Düss : il consiste pour l'examinateur à proposer à
l'enfant le début (très succinct) d'une histoire, lui demandant ensuite, s'il le veut bien, de la compléter à sa fantaisie
sans la moindre intervention du psychologue.

La première d'entre-elles s'intitule *L'oisillon* et débute
ainsi : « Il y avait une fois dans la forêt un papa-oiseau,
une maman-oiseau et leur petit garçon, tous trois au nid.
La tempête arrive et détruit leur maison. Ils s'envolent...
Continue... ».

Et Didier a continué : « Le petit garçon ne va pas
retrouver le papa-oiseau et sa maman-oiseau. Alors, il va
être confié à un autre oiseau. Mais comme c'est un autre
oiseau qui ne sait pas ce que le petit garçon mange, elle
lui donne des choses que le petit oiseau ne peut pas
manger. Alors, le petit garçon va à l'hôpital car il est
fort malade. Il s'ennuie et va peut-être mourir... ».

Avant d'analyser cette histoire, présentons la seconde;
notre interprétation s'efforcera d'en révéler la signification
complémentaire.

Elle s'intitule *L'agneau* et le psychologue l'introduit en
ces termes : « Dans un pré, une maman-brebis allaitait son
agneau. Un jour, elle lui dit : " Tu es grand désormais;
tu vas donc manger de l'herbe et moi, j'aurai un autre petit
agneau qui va tèter mon lait. " Continue... ».

Et Didier a aussitôt enchaîné : « Le grand agneau va
manger (de l'herbe) mais comme il est petit, il ne sait pas
distinguer la mauvaise herbe. Sa maman ne lui a pas appris

à voir la mauvaise herbe; il en mange; alors, il est très malade; il va à l'hôpital. (Quant à sa maman) elle est morte avec le second agneau. Le loup lui a ouvert le ventre. Le fermier a tué le loup qui a eu son ventre ouvert. Alors le fermier a mangé la maman et a jeté le loup sur le fumier où les cochons font pipi et caca... ».

Dans la mesure où ce test vise à permettre à l'enfant de se projeter, au niveau de l'inconscient, dans les histoires qu'on lui propose de compléter, remarquons d'abord que Didier ne témoigna d'aucune inhibition et s'identifia d'une façon dépourvue d'équivoque à l'oisillon puis au premier agneau. Dans cette perspective, il attribua d'une manière tout aussi incontestable à sa tante les rôles de la maman-oiseau et de la brebis. En outre, il n'oublia pas d'envoyer l'oisillon et le premier agneau à l'hôpital, ce qui constitue le signe de son identification à ces petits animaux dans la mesure où lui-même a effectué de fréquents séjours en centre hospitalier et en colonie sanitaire; au moment où il raconte ces deux histoires, il vit d'ailleurs une situation analogue puisqu'il se trouve désormais pensionnaire d'un institut médico-pédagogique de montagne.

Remarquons encore que Didier, comme tout autre enfant, n'invente point en dehors de la réalité telle qu'il l'a vécue et continue de la vivre : toute création imaginaire, tout fantasme se rattachent étroitement en effet à la vie de leur auteur, y prennent leur source et en acquièrent une signification d'autant plus essentielle. Plus exactement peut-être, ils apparaissent comme une réponse, au niveau fantasmatique, de l'inconscient face à la réalité extérieure, vécue dans sa dimension et ses résonances affectives.

Si nous continuons notre analyse, nous découvrerons bientôt que Didier, dans les deux histoires, manifeste non seulement le sentiment qu'il a d'être abandonné par son milieu familial mais encore sa conviction de n'être pas immanquablement sauvé par l'hôpital : dans le premier des deux récits, Didier déclare qu'il « s'y ennuie et qu'il va peut-être mourir »; dans le second, il n'exprime pas spontanément ce qu'il pense des résultats de son hospitalisation mais le silence qu'il garde lorsqu'il est interrogé à ce propos nous paraît significatif... De toute évidence, la censure, relâchée lors de l'histoire initiale, a fonctionné dans le second cas : devant un psychothérapeute qu'il sait appartenir à l'hôpital en question, et avec lequel il désire conserver à tout prix un bon contact, l'inconscient du garçonnet veille à ne rien dire de compromettant...

Remarquons encore que Didier, dans les deux histoires, met sa tante en cause et lui attribue la responsabilité non seulement de sa maladie mais de sa mort éventuelle : « l'autre oiseau ne sait pas ce que le petit garçon mange elle (l'allusion est évidente) lui donne des choses que le petit oiseau ne peut manger... » et dans l'autre récit : « ... l'agneau ne sait pas distinguer la mauvaise herbe... Sa maman ne lui a pas appris à voir la mauvaise herbe... ».

Toutefois, l'accusation que Didier porte implicitement contre sa tante ne laisse pas d'être ambiguë : dans la première histoire, il a soin de préciser en effet : « Mais comme c'est un autre oiseau qui ne sait pas ce que le petit garçon mange... » sa tante est certes responsable de sa maladie mais elle l'est sans mauvaise intention, par ignorance... Dans la seconde, sans disculper tout à fait la maman, le garçonnet impute au moins partiellement à sa propre petitesse, c'est-à-dire à son impuissance et à son imperfection, la responsabilité de sa maladie. Nous constatons ici une nouvelle intervention de censure : mettre ouvertement et exclusivement en cause celle qui lui a tenu et tient encore lieu de mère aboutirait, d'une part, à provoquer la colère et les représailles de celle-ci et, d'autre part, à susciter une profonde culpabilité — accompagnée d'une angoisse non moins exacerbée — que l'inconscient du garçonnet pourrait difficilement supporter.

Didier, dans la mesure même de son abandon par son entourage, se croit incapable de remonter la pente. C'est pourquoi il fait allusion, au terme de son premier récit, à sa mort, une mort qui apparaît tout à la fois comme une conséquence de sa fragilité foncière, de son impuissance radicale, et comme une punition dans la mesure où il croit inconsciemment que l'abandon où il se trouve découle de son caractère intrinsèquement mauvais : dès lors, le châtiment, c'est-à-dire la mort, lui semble constituer une suite logique et méritée de ce qu'il croit être sa non-valeur et sa méchanceté.

La deuxième histoire, beaucoup plus que la première, se révèle violemment agressive à l'égard de sa tante : la brebis à laquelle Didier l'identifie meurt avec son nouveauné : elle est éventrée par un loup… Celui-ci, incontestablement, incarne le garçonnet lui-même : pour éviter, comme nous l'avons déjà dit, toute représaille et, en outre, une culpabilité excessive, l'inconscient de Didier projette dans un animal — le loup… — son agressivité en une démarche que l'on rencontre souvent en pareil cas. Dès lors, le châtiment du loup — nous y reviendrons —, un châtiment particulièrement ignominieux, se trouve, si l'on ose dire, mieux accepté par l'inconscient du garçonnet.

Cette histoire nous paraît encore très intéressante dans la mesure où elle nous dévoile, au plus intime du psychisme de Didier, la présence toujours active de pulsions très

archaïques telles que le bébé les éprouve au long de ses
deux ou trois premières années.

Ces pulsions directement en rapport avec la mère
appartiennent, pour reprendre la terminologie freudienne,
aux phases orale et sadique-anale.

Dans cette histoire, l'oralité, de type dévorateur, se
manifeste surtout au moment où le fermier « mange la
maman-brebis »... Selon une démarche très courante elle
aussi, Didier, après s'être identifié au loup-vengeur,
s'incarne en effet par la suite dans le fermier, second
vengeur et se punit ainsi de son agression à l'égard de sa
tante mais en même temps, il dévore celle-ci, dévoration
fondamentale ambivalente dans la mesure où elle constitue
tout à la fois un ultime acte de vengeance et une incorporation afin d'atteindre un état fusionnel avec la personne
dévorée... Il s'agit d'un de ces fantasmes dévorateurs que
l'inconscient puéril crée en guise de compensation symbolique. Il nous indique que l'inconscient de Didier se révèle
lui-même à l'égard de sa tante profondément ambivalent :
il exprime tout à la fois une violente agressivité et un besoin
non moins vif de lui être uni.

Cette seconde histoire dévoile aussi, avons-nous déclaré,
certaines pulsions sadiques-anales. Nous en avons deux
bons exemples au moment où le loup éventre la mère-brebis
et subit ensuite — loi du talion... — le même sort. L'aspect
particulièrement sadique de cette mise à mort n'échappera
à personne, ce sadisme si fréquent dans la prime-enfance,
tantôt sous sa forme ludique ou symbolique (le petit
d'homme ouvre le ventre de sa poupée ou de son ours
« pour voir ce qu'il y a dedans ») tantôt sous une forme
beaucoup plus réelle (dissection raffinée de telle ou telle
bestiole), le tout sous-tendu par une curiosité génitale
intense.

Ce sadisme apparaît comme une réaction de vengeance aux frustrations inévitables et nécessaires que la mère inflige à son jeune enfant tout au long de son œuvre éducative.

N'oublions point cependant que l'éventration — ou son fantasme — ne possède pas seulement un caractère sadique : il exprime aussi un désir de l'inconscient puéril de retrouver un état fusionnel avec la mère, de reprendre en quelque sorte sa place dans le sein maternel si confortablement protecteur. Plus exactement peut-être, il traduit une sorte de nostalgie agressive dans la mesure où il veut détruire, au moins symboliquement, un ventre qu'il sait désormais interdit, un ventre qui lui apparaît aussi comme une espèce de prison — contradiction et ambivalence dont l'inconscient se révèle coutumier, dans la mesure où ses structures logiques ne sont point celles du conscient même si elles se montrent à leur manière tout aussi rigoureuses.

La présence de ces pulsions que la censure refoule peu à peu avec soin chez l'enfant équilibré, se dévoile beaucoup plus nettement chez le petit d'homme affectivement perturbé et c'est pourquoi elle se manifeste avec une puissance aussi considérable chez Didier. Celui-ci ne peut encore maîtriser et sublimer ces pulsions d'une manière efficace et définitive en raison de son immaturité psychique, immaturité essentiellement affective. Sous ce rapport, le garçonnet demeure en quelque sorte un poupon, les déficiences éducatives de son entourage familial ne lui ayant point fourni l'occasion de mûrir réellement en ce domaine.

Abordons maintenant le récit que Didier a créé à propos de l'*Histoire des Trois Personnages,* que nous lui avons présentée non point en tant que test proprement dit mais plutôt en guise de jeu.

Celui-ci découle avec quelques modifications importantes d'une épreuve projective mise au point par Madame Backès. Dans sa formule traditionnelle, ce test conduit le psychologue examinateur à demander au sujet d'inventer trois personnages et d'imaginer leurs attitudes et réactions dans certaines situations données. Cette épreuve s'adresse aux adultes; pour notre part, nous nous efforçons d'en élaborer une nouvelle formulation plus spécialement destinée aux enfants tantôt sous l'aspect d'un test proprement dit, tantôt comme un jeu à caractère psychothérapique. La présentation initiale en est semblable : invention de trois personnages mais liberté totale quant à l'histoire : nous ne suggérons aucune situation ni ne posons aucune question; en outre, selon sa préférence, l'enfant raconte ou dessine son récit; il peut aussi combiner ces deux modes d'expression.

Didier, choisissant cette dernière formule, nous a déclaré : « D'abord, le petit garçon : il a huit ans; puis la maman, elle a vingt-huit ans; puis le grand-papa, il a quatre-vingt huit ans. Le petit garçon veut aller promener avec sa maman parce qu'elle avait demandé; alors, le vieux grand-père qui était très vieux, très vieux ne voulait pas parce que dans la forêt il y a des loups qui mangent; alors, le petit garçon prend un couteau contre le loup; alors le grand-père qui est très vieux va dans son lit; alors, le loup vient manger le grand-père. Il se met dans le lit pour digérer; alors, le petit garçon et sa maman ont cueilli des fleurs; alors, ils reviennent et le loup les mange parce qu'il n'aime pas les fleurs. Il préfère manger de la viande. Il ouvre le ventre de la maman et se met dedans; alors il digère mais il est tué parce qu'il avait avalé sans le faire exprès le couteau du petit garçon avec le petit garçon; le petit garçon n'avait pas su se servir du couteau pour se défendre... ».

Pour commencer, remarquons une fois de plus que l'imagination du garçonnet part d'un fait de la vie réelle : il ne s'agit point cette fois assurément de ses séjours hospitaliers mais de la réminiscence d'un conte bien connu : le *Petit Chaperon Rouge* avec une modification néanmoins essentielle : ce n'est pas la grand-mère mais le grand-père qui est mangé par le loup.

Signalons encore que la situation œdipienne trouve en ce récit une illustration aussi complète que lumineuse : le petit garçon s'isole dans le bois avec sa maman, le grand-père ne l'admet point, il souligne les dangers de cette promenade (la rencontre du loup) symbolisant les périls d'une relation trop étroitement érotique et incestueuse avec la mère... Pour conjurer plus ou moins ces menaces, pour s'éviter en outre une culpabilité trop considérable, Didier impute à la maman la responsabilité de l'invitation en une réaction projective banale. La métamorphose (assez courante aussi) du père en grand-père s'explique pour les mêmes raisons : crainte des représailles paternelles et angoisse devant une culpabilité excessive : le garçonnet ne manque pas à plusieurs reprises de souligner le grand-âge du vieillard pour se persuader en quelque sorte de l'impuissance (aux sens général et sexuel du terme) de celui-ci. Au surplus, afin de régler définitivement son compte à ce vieux gêneur, le loup en qui l'inconscient du garçonnet se projette ainsi que nous l'avons déjà dit, se charge de le manger, faisant de la sorte une pierre deux coups : élimination d'un concurrent et incorporation de sa force virile (que l'inconscient de Didier lui restitue pour les besoins de la cause : illogisme apparent dont le psychisme profond est coutumier pourvu qu'il y trouve son intérêt au moins symbolique).

Toutefois, la loi du talion s'applique inexorablement : le loup, incarnation initiale des pulsions agressives de l'inconscient du garçonnet, s'identifie ensuite au grand-père (c'est-à-dire en fait au père); c'est pourquoi, vengeur, il mange les deux coupables : la maman et le petit garçon...

Remarquons aussi que les pulsions orale et sadique-anale, déjà présentes dans l'histoire analysée antérieurement, se retrouvent ici : manger et être mangé constituent en effet un ressort essentiel de ce dernier récit; d'autre part, le fantasme de l'éventration réapparaît à son tour, un fantasme dont la signification se révèle encore plus évidente : le loup, subissant un troisième et dernier avatar, redevient une incarnation du garçonnet : il « ouvre le ventre de la maman et se met dedans » mais cette audace entraîne aussitôt une nouvelle application de la loi du talion : Didier-le loup meurt, si nous osons dire, par où il a péché puisque de toute évidence le « couteau du petit garçon » symbolise la verge de celui-ci... Remarquons d'ailleurs que la puissance de cette verge demeure aléatoire car, conclut Didier, « auparavant, le petit garçon n'avait pas su se servir du couteau pour se défendre (du loup) » : les armes (c'est-à-dire les verges du père et du fils) n'étaient point égales... Nous rencontrons ici une expression indéniable de l'angoisse de castration dont de nombreux autres documents (matériel d'examen psychologique et de psychothérapie) nous indiquent la présence dans le psychisme profond du garçonnet.

Signalons enfin pour conclure cette partie de notre analyse, que Didier exprime d'une manière tout à fait évidente son désir (psychologiquement très régressif) de retrouver la chaleur protectrice du sein maternel lorsqu'il

déclare que le loup (en qui, répétons-le, il s'incarne finalement) « ouvre le ventre de la maman et se met dedans »,
ce ventre, hâvre de sécurité apaisante pour ce garçonnet
affectivement démuni.

Au cours de la même séance psychothérapique, Didier,
curieux, ouvre une armoire, l'explore un instant puis s'y
cache. Il se love sur lui-même en position quasi-fœtale
et referme la porte. Il nous demande ensuite de « faire
toc-toc »... Nous nous exécutons. Point de réponse. Nous
frappons de rechef. « Qui est là ? », entendons-nous. « C'est
moi ! — Qui, toi ? — Jean-Marie, ton ami ! — Mon
ami ? — Oui ! — Ah bon ! J'ouvre ». Didier sort de
l'armoire : « On va jouer une histoire, hein ? » dit-il.
« Oui ! — Je suis un petit garçon caché dans une grotte
pasce qu'y a de méchants loups... ». Didier rentre dans
l'armoire et referme la porte. « Alors, toi, tu arrives »,
continue-t-il, « les loups vont t'attaquer mais tu vas les
tuer. Tu seras blessé mais tu ouvriras la grotte. Mais dans
la grotte, y aura un serpent qui m'a piqué. Y faudra que
tu me soignes. Nous serons blessés tous les deux. Tu mettras
du crachat sur ma piqûre pasce que je savais plus marcher.
Alors le serpent t'attaquera. Mais tu feras pipi sur le serpent
et il mourra. Tu me mettras sur ton dos et tu sortiras de
la grotte et le sang des loups morts, le sang de leur ventre,
nous guérira tous les deux, toi surtout pasce que tu es fort !
Voilà ! ».

Sans commentaire, nous ouvrons la porte de l'armoire.
Le garçonnet, toujours lové sur lui-même en position quasi
fœtale, attend visiblement que nous le prenions dans nos
bras. Ce que nous faisons. Il s'installe ensuite sur nos
genoux, s'y blottit confortablement, se met le pouce en
bouche et demeure silencieux. A chacune de nos tentatives

(discrètes) de relancer le dialogue, il sourit mais ne répond pas. Au terme de la séance, après être resté une vingtaine de minutes dans cette attitude, il exige d'être porté jusqu'au seuil du bureau.

Signalons d'abord que le jeu de cache-cache (dans une armoire, sous une couverture, etc.) a la faveur particulière d'un grand nombre d'enfants et ceux atteints de troubles psychiques d'ordre affectif ne manquent pas d'y recourir très fréquemment.

La « grotte » où l'on se dissimule symbolise en effet le sein maternel qui exerce encore sur l'inconscient puéril une fascination indéniable quoique non dépourvue d'ambiguité : grâce au fantasme de la caverne, le ventre de la mère se présente tout à la fois comme un havre chaleureux qui protège des dangers du monde extérieur (« il y a de méchants loups dehors » dira Didier) de même que des pulsions agressives de l'enfant lui-même mais aussi comme une prison périlleuse dont le psychothérapeute devra délivrer le garçonnet (« Il y a un serpent qui m'a piqué, tu ouvriras la grotte, tu me mettras sur ton dos et tu sortiras »).

Nous découvrons ainsi une nouvelle illustration de l'ambivalence du ventre maternel pour l'inconscient de l'enfant : ce ventre apparaît tout à la fois comme protecteur et dévorateur, refuge et prison, source de vie et de mort; dans cette perspective, le serpent qui pique Didier symbolise le phallus fantasmatique maternel, ce phallus qui fait de la mère, pour l'inconscient puéril, un être castrateur et morcelant.

Mais selon une dichotomie dont l'inconscient est coutumier, il existe aussi dans les fantasmes de Didier un « bon phallus », un « phallus orthodoxe » pourrions-nous dire, celui de l'homme que le garçonnet croit bien disposé à son égard et c'est pourquoi Didier déclare que c'est « en faisant pipi sur le serpent », c'est-à-dire en utilisant son (bon) phallus que le psychothérapeute, d'une manière fantasmatique, tuera le serpent (le « mauvais phallus ») et délivrera le petit garçon.

Dès lors, nous semble-t-il, il devient possible d'affirmer que par l'intermédiaire de cette histoire, l'inconscient de Didier nous montre qu'il a fort bien compris le rôle et la fonction de ce psychothérapeute dans la mesure où, grâce à une activité ludique particulièrement symbolique (ouverture et fermeture d'une porte d'armoire) il exprime, sous une forme allusive et elliptique (un récit de sauvetage), l'idée que le psychothérapeute est capable de délivrer l'enfant de son aliénation.

L'on peut dire, en outre, nous semble-t-il, que Didier, au travers de ce récit, nous appelle à l'aide et s'identifie à nous aussi bien dans les circonstances pénibles (« nous sommes blessés tous les deux ») qu'aux moments favorables (« nous sommes guéris tous les deux ») tout en maintenant néanmoins dans ce dernier cas une différence (« tu es guéri toi surtout parce que tu es fort ») visant à souligner que l'enfant n'égale point l'adulte ou, pour mieux dire, que le fils n'égale point le père.

Il importe d'ailleurs qu'il en soit ainsi car si tous deux se valaient, le fils ne rencontrerait aucun soutien, aucun point de référence, aucune opposition chez le père et l'insécurité angoissante le submergerait bientôt.

Dans cette perspective, une telle histoire nous paraît être le récit symbolique d'une nouvelle mise au monde de Didier par le psychothérapeute, une mise au monde qui constitue pour le garçonnet, au niveau inconscient, un point de départ (le bon, cette fois, espère-t-il) et c'est pour ce motif que, d'une part, il a attendu que nous le prenions nous-même hors de l'armoire (le ventre maternel) et, d'autre part, il s'est lové sur nos genoux dans la position du bébé, se mettant ensuite le pouce en bouche, geste au symbolisme transparent.

L'on s'étonnera peut-être qu'il ait pu ainsi projeter en nous certains attributs typiquement féminins (l'allaitement...) après nous avoir reconnu comme homme au « bon phallus »...

Pour éclairer quelque peu ce paradoxe, nous rappellerons d'abord que l'activité fantasmatique de l'inconscient obéit à un ensemble de lois logiques qui, pour rigoureuses qu'elles soient, dans leur perspective, leurs structures et leur développement, se révèlent néanmoins fort éloignées de la rationalité cartésienne; leur point de vue est celui de la balance, de l'alternance, de l'ambivalence et des contraires mais non celui des contradictoires.

Nous nous souviendrons ensuite qu'il se révèle assez fréquent de rencontrer des enfants affectivement perturbés qui, au niveau de l'inconscient, inversent les rôles du père et de la mère, investissent l'image paternelle de l'attribut féminin par excellence qu'est la capacité d'allaitement et ressentent le pôle maternel comme agressif et frustrant.

Ce phénomène d'inversion se remarque surtout chez les enfants affectivement carencés, catégorie où se range incontestablement notre garçonnet.

Signalons enfin que le fantasme d'éventration apparaît encore mais, cette fois, sous une forme positive puisque « le sang du ventre des loups » guérit Didier et son psycho-thérapeute.

Quelques semaines plus tard, Didier exécuta un nouveau dessin où le rôle du psychothérapeute apparaît dans une perspective analogue à celle caractérisant les œuvres antérieures de Didier mais possédant toutefois une tonalité plus positive encore.

Le garçonnet trace trois bonshommes aux visages aveugles, aux corps massifs et figés quoique très sommaires; il ponctue ce dessin du commentaire suivant : « un cow-boy arrive chez les indiens car il s'est perdu; les indiens veulent le scalper mais il se défend; alors, il s'en va, un indien le poursuit mais l'indien est piqué par un serpent; alors, le cow-boy tue le serpent; alors, il met l'indien sur son dos et il le ramène au camp. Alors, les indiens fument le calumet de la paix et le cow-boy aussi ». Tout en parlant, il exécute un second dessin où l'on voit seuls le cow-boy et l'indien en train de se battre, le serpent se dressant près de l'indigène; les visages et les corps des protagonistes se révèlent identiques à ceux de l'œuvre précédente.

L'interprétation n'en est pas très facile à première vue mais il semble que d'abord le cow-boy symbolise Didier lui-même entrant en relation avec autrui; ces relations possèdent un caractère conflictuel indéniable; remarquons que le garçonnet n'adopte pas une attitude exclusivement passive : il « se défend »; après quoi, il s'enfuit, exprimant ainsi sous une forme symbolique ses tendances au repli sur soi.

Le second dessin semble introduire un renversement des rôles (c'est la raison pour laquelle sans doute Didier a éprouvé le besoin d'exécuter une deuxième œuvre pour illustrer son histoire). Le cow-boy peut désormais symboliser le psychothérapeute et l'indien le garçonnet lui-même, dans la mesure où le cow-boy se distingue de la masse des indiens, dans la mesure où il est un personnage *à part,* le *redresseur de torts,* le *défenseur de l'ordre* [1], l'image même de la virilité masculine, dans la mesure où, d'autre part, l'indien symbolise l'agressivité anarchique et l'incontrôlabilité personnelle; il ne fait aucun doute en effet que Didier perçoit le psychothérapeute comme un adulte très différent des autres au sein de l'équipe éducative, comme une figure masculine qu'il tend à idéaliser; d'autre part, il se vit lui-même comme un *mauvais objet,* impulsivement agressif; dès lors, lorsqu'il imagine un combat entre le cow-boy et l'indien, c'est-à-dire entre le psychothérapeute et le garçonnet, Didier exprime ainsi son désir de voir sa propre agressivité primitive et pulsionnelle dominée et en quelque sorte vaincue par la *fermeté paternelle* et la *virilité masculine* dont le psychothérapeute constitue le modèle et le prototype. Le serpent symbolise pour sa part les dangers qui menacent le garçonnet et dont le cow-boy, c'est-à-dire la figure paternelle le délivre. Dès lors, celle-ci n'apparaît plus seulement comme celle qui domine les pulsions originelles de Didier mais elle assume aussi un rôle protecteur indéniable et joue un rôle essentiel dans la réinsertion sociale du garçonnet puisqu'elle « le ramène au camp » (celui-ci, avons-nous vu au début, symbolisant le monde extérieur).

En d'autres termes, ce dernier dessin exprime tout à la fois la manière dont Didier éprouve le psychothérapeute et le rôle qu'il voudrait lui voir jouer au bénéfice du garçonnet. Il constitue un *appel* en même temps qu'une *requête* : Didier nous désire comme *père* afin de pouvoir, grâce au

---

[1] Beaucoup d'enfants nous vivent comme tel et nous le disent ouvertement...

processus d'identification à l'image que nous formons pour son inconscient, structurer progressivement son moi, se découvrir peu à peu lui-même, se reconnaître comme garçon et futur adulte masculin, se percevoir enfin comme entité autonome.

Le déroulement ultérieur de la psychothérapie, que nous ne pouvons exposer ici, confirmera amplement cette interprétation dans la mesure où, en quelques mois, le comportement du garçonnet se rapprochera d'une manière notable de l'attitude coutumière aux garçons d'une douzaine d'années, nous-même assumant la fonction paternelle dans nos rapports avec Didier.

Les lacunes demeurent encore certes appréciables dans le domaine scolaire notamment — l'équilibre affectif reste fragile, la structuration du moi n'est pas totalement achevée et apparaît, en certains de ses éléments, comme toujours précaire; il n'en reste pas moins vrai que le processus de débilitisation est non seulement stoppé mais qu'il régresse considérablement : Didier, ayant pris conscience et possession de lui-même, s'achemine vers une adolescence dont les difficultés seront celles de la majorité des garçons dits *normaux...*

Lorsque nous le rencontrâmes à l'institut médico-pédagogique où il séjournait, François venait d'atteindre sa douzième année.

On le considérait comme un débile mental moyen révélant un retard global de développement assez restreint quoique indéniable, retard de gravité équivalente en gros dans tous les domaines psychiques : intelligence et affectivité.

Il ne souffrait d'aucun trouble physique mais apparaissait au contraire comme vigoureux et bien découplé. Ses capacités psycho-motrices ne témoignaient d'aucune déficience notable.

Il était le cadet d'une sœur de quinze ans plus âgée; ses parents, marchands-forains, n'avaient guère apprécié sa venue au monde; tout comme sa sœur auparavant, il fut dès son plus jeune âge séparé d'eux et confié à sa grand-mère maternelle.

Durant ses premières années, son père, actuellement âgé de soixante-deux ans, et sa mère, sa cadette d'une dizaine d'années, n'eurent avec François que peu de contacts.

Par contre, vivant avec elle chez leur grand-mère commune, il noua d'étroites relations avec sa sœur aînée qui ne manqua pas d'exercer une influence considérable sur son petit frère, influence actuellement persistante et toujours aussi profonde comme nous l'apprennent certains tests psychologiques.

François se forme inconsciemment de son père une image masculine et paternelle très floue, très falote, incapable de lui fournir les points d'appui et de référence qui lui permettraient d'assumer son propre sexe, par une identification satisfaisante à la figure paternelle; en conséquence — situation courante en pareil cas —, le garçonnet ne sait guère où il en est, ce qu'il est et ce qu'il veut devenir.

Face à cette image quasi absente du père, une image qui ne peut, pour le psychisme profond de François, jouer le rôle essentiel que le développement psychologique de l'enfant européen lui reconnaît, le garçonnet s'éprouve comme d'autant plus désemparé qu'il rencontre en sa mère un personnage autoritaire, peu chaleureux, rigide et captateur.

Il n'est donc pas étonnant que l'image maternelle que se forge le psychisme inconscient de François apparaisse comme essentiellement castratrice et frustrante; nous ne serons point surpris non plus de voir que les relations de François et de sa mère se révèlent, de la part du garçonnet, comme appartenant encore principalement au domaine prégénital, où les pulsions archaïques se montrent toujours très actives, même si les constructions défensives les refoulent, au niveau conscient, d'une manière assez efficace.

Si la grand-mère paraît jouer un rôle fort minime quant au développement psychique du garçonnet, il n'en va pas de même, souvenons-nous en, de la sœur aînée qui, en fait, s'occupa beaucoup de François (elle aurait pu, à deux ans près, être sa mère) et continue à veiller sur lui, lorsqu'il séjourne en famille. Il ne fait pas de doute que l'image maternelle que le garçonnet s'est peu à peu constituée dépend, au moins partiellement, des relations qu'il entretient avec sa sœur; plus exactement peut-être, nous constatons d'une part, que l'attitude sororale se calque d'assez près sur le comportement maternel à l'égard de François et qu'en conséquence, celui-ci l'éprouve comme analogue sinon semblable à l'image qu'il se fait de sa mère, et, d'autre part, que celle-ci, malgré l'influence considérable de sa fille sur le garçonnet, joue auprès de François un rôle suffisamment essentiel désormais, lorsqu'il séjourne en famille (un rôle qui, d'ailleurs, était déjà le sien jadis en dépit du fait qu'ils ne vivaient alors guère ensemble), pour que nous puissions affirmer que l'image maternelle du garçonnet ne dépend pas avant tout des relations qu'il entretient avec sa sœur mais découle, pour une part tout aussi importante, des rapports qu'il n'a jamais cessé d'avoir avec sa mère.

Il découle de tout ce qui précède que François témoigne d'une immaturité affective toujours très considérable — personne, nous semble-t-il, ne s'en étonnera — et que les structures de son moi demeurent encore très lacunaires et fragiles avec la tendance traditionnelle à la névrose que l'on rencontre souvent en pareil cas.

Cette immaturité affective se double, nous l'avons vu, d'un retard intellectuel qui apparaît beaucoup plus comme une inappétence indéniable à l'activité de l'esprit en général

et au travail scolaire en particulier que comme une conséquence d'un déficit de nature constitutionnelle. Dans cette
perspective, une telle inappétance provient, nous semble-t-il,
d'une angoisse inconsciente du garçonnet devant un monde
extérieur qu'il *vit* comme hostile et dangereux dans la
mesure même où il *ressent* sa mère comme frustrante et
castratrice s'il est vrai que le mode sur lequel il éprouve
ses relations avec la mère sert au jeune enfant de point
de référence en ce qui concerne les rapports qu'il noue
avec le monde extérieur.

Analysons maintenant quelques productions de François
élaborées lors de son examen psychologique.

Il s'agit des résultats de quelques tests projectifs tout
à fait traditionnels.

Le premier de ces documents est une histoire à compléter
que nous avons introduite en ces termes : « Un petit garçon
se promène si loin dans la forêt qu'il perd son chemin. Il
découvre enfin une petite maison et frappe à la porte.
Une voix de femme lui dit : " Entre ". Le garçon obéit ».

François sourit d'abord, un peu perplexe, puis son
visage s'éclaire; il nous dit alors :

« C'était une vilaine femme, vieille, avec une vilaine
bouche avec des dents (François esquisse un geste pour
nous indiquer qu'elles sont proéminentes). Le petit garçon
voudrait bien partir mais il a très faim et il fait noir dehors,
et puis il y a les loups. La vieille devine qu'il a fort faim.
Mais elle a un vilain sourire : " Je vais te mettre dans la
cave, dit-elle, parce qu'il n'est pas permis de rester si tard
dehors pour un petit garçon ". Le petit garçon n'ose pas
dire qu'il a faim mais la vieille le sait. " Je n'ai que des
pattes d'araignées et des queues de souris à manger ", dit
la vieille. Le petit garçon vomit; alors, la vieille le met

dans la cave et verrouille la porte. Dans la cave toute noire, le petit garçon tâte pour s'asseoir et il sent un tas de pommes. Il veut en manger une mais il y a un gros ver dedans. Une autre, c'est pareil. Les vers lui courent dessus. Ils sont gluants. Alors le petit garçon veut s'asseoir mais c'est plein d'eau; alors il est tout mouillé et ses habits sentent mauvais. Alors, il frappe à la porte, la porte s'ouvre, il voit la vieille avec un grand couteau dans le ventre, tout droit. Elle agite les bras et les jambes comme un crabe mais elle peut pas bouger (*sic*). Elle a perdu ses dents. Alors, le petit garçon qui a ses vêtements tout sales veut se laver. Il enlève sa blouse et sa culotte pleines de vers et veut prendre de l'eau qui est dans une cruche mais il casse la cruche, un des morceaux de la cruche lui coupe le doigt en tombant. Alors, il ouvre la porte de la maison, mais il fait très froid. Il veut remettre sa blouse et sa culotte mais les vers les ont mangées. Alors il va tout nu dans la forêt et le loup va le dévorer. »

Même s'il ne prononce pas le mot, François décrit la femme qui accueille le petit garçon (c'est-à-dire, de toute évidence, lui-même) sous les traits d'une sorcière, archétype des histoires et des fantasmes enfantins.

Si nous nous souvenons qu'un tel archétype constitue l'expression symbolique de ce que Mélanie Klein nomme l'image de la *mauvaise mère,* c'est-à-dire de la mère agressivement frustratrice, nous pouvons, nous semble-t-il, en déduire que le garçonnet demeure toujours inconsciemment sous l'influence du mode primitif de relation entre l'enfant et sa mère, un mode qui se révèle, dans le cas de François, franchement négatif.

Une seconde preuve du caractère archaïque de ses rapports avec le personnage maternel, c'est l'insistance qu'il met à nous indiquer qu'il souffre d'une faim dévorante, signe d'une pulsion orale encore très active au niveau de l'inconscient.

Dans cette perspective, la *mauvaise mère* [1] se montre particulièrement frustratrice en même temps que source de castration puisqu'elle lui propose comme nourriture des « queues de souris », symbole de la verge masculine; en quelque sorte, François ne peut manger que son propre sexe : fantasme d'ailleurs ambivalent dans la mesure où, d'une part, il implique l'émasculation mais où, d'autre part, l'ingurgitation de la verge peut apparaître symboliquement tout à la fois comme le fantasme d'un coït oral (élément d'une conception enfantine de la sexualité) et comme un moyen de s'approprier la *force* de la verge masculine, d'une manière tout aussi symbolique.

Quant aux « pattes d'araignées » que la vieille lui offre à manger, elles nous renvoyent au fantasme puéril de cette bête qui désigne, on le sait, pour l'inconscient, une mère vécue comme abusive et castratrice.

L'enfermement du garçonnet dans la cave nous paraît être l'expression symbolique du *mauvais* sein maternel où le garçonnet se trouve fantasmatiquement emprisonné.

Dans cette perspective, les pommes véreuses qu'il découvre et veut manger correspondent aux mamelles frustratrices, fantasme puéril que Mélanie Klein, encore une fois, a mis en lumière.

La seconde partie de l'histoire nous montre la réaction agressive du petit garçon; François n'ose point nous dire ouvertement qu'il tue la vieille, précaution de son inconscient pour éviter une trop profonde culpabilité. Il

---

[1] *Vécue* comme telle...

nous montre simplement la sorcière « un grand couteau planté, tout droit, dans le ventre ». De toute évidence, le couteau s'identifie à la verge du garçonnet; ce meurtre apparaît donc aussi comme une copulation agressive, comme un viol de la mère par son fils, fantasme sadique où l'on peut lire sans doute aussi une trace œdipienne.

Le garçon se met ensuite tout nu pour se laver, se purifier en fait. Mais la cruche dont il se sert se brise et lui coupe un doigt : revanche *post mortem,* si nous osons dire dans la mesure où, d'une part, la cruche, en tant que vase, symbolise le sexe féminin et, d'autre part, le doigt constitue une transposition allusive à la verge masculine; nous assistons dès lors à une nouvelle castration fantasmatique du garçonnet, en punition du viol incestueux dont il s'est rendu coupable.

Tout nu, c'est-à-dire complètement démuni, il ouvre ensuite la porte de la maison (en d'autres termes, il quitte le *mauvais* sein maternel) mais « il fait très froid » : ce qui veut dire, toujours fantasmatiquement, qu'il éprouve le monde extérieur comme hostile et dangereux (ce qui ne peut nous étonner dans la mesure où, nous l'avons déjà dit, la manière dont l'enfant découvre et expérimente ses relations avec sa mère lui sert en quelque sorte de modèle et de référence dans la manière dont il perçoit ensuite le monde extérieur).

Ayant quitté la maison, il connaîtra enfin la punition fantasmatiquement définitive de son agressivité : les loups le dévoreront.

Le second récit a été élaboré lors du test que nous avons déjà présenté à nos lecteurs, l'*Histoire des Trois Personnages.*

Ecoutons-le :

« La maman (quarante ans) est au lit; elle est malade; alors, la petite fille (douze ans) s'occupe du petit garçon (cinq ans), son petit frère. La maman est malade; alors, elle demande au petit garçon de grimper dans le lit pour pouvoir qu'elle l'embrasse mais le petit garçon, comme il est tout petit, a peur d'être étouffé par les couvertures. La maman est toute gluante; alors, le petit garçon va jouer avec ses autos. La petite fille lui donne une pomme à manger; alors, elle lui dit qu'il faut aller dormir pendant qu'elle fait la vaisselle du dîner. Alors, le petit garçon obéit mais il sait pas encore bien faire tout seul; alors, il demande à sa sœur; alors, elle dit : ” Attends que j'aie fini la vaisselle et puis j'irai au lit avec toi, en même temps que toi ”. Elle enlève la blouse du petit garçon et dit ” Comme tu es sale ” puis sa culotte; alors, elle dit : ” Je vais te laver ”. Elle met le petit garçon tout nu dans la baignoire et le lave. Alors, le petit garçon joue dans l'eau, il éclabousse sa sœur qui le gronde : ” Tu me mouilles toute, je vais te laver ”. Alors, elle dit : ” Je te laverais mieux si j'étais dans la baignoire aussi ”. Alors, elle enlève sa blouse et sa jupe; alors, elle va dans la baignoire, et le petit garçon est content parce qu'il peut l'éclabousser sans qu'elle le gronde parce qu'elle est toute nue. Alors, ils s'amusent tous les deux longtemps, longtemps. Ils font couler l'eau partout mais ils peuvent plus l'arrêter et l'eau noie le petit garçon. Alors la petite fille dit : ” C'est parce qu'il m'a éclaboussée ”. La maman dit : ” Tant pis ”. Elles dorment toutes les deux dans le lit et la petite fille dit : ” Il fait bien chaud ici ”. »

Nous retrouvons dans cette histoire un certain nombre de thèmes analogues ou identiques à ceux que nous avons analysés dans la première.

Le personnage maternel, au sens strict du terme, ne joue qu'un rôle très limité : il n'apparaît qu'au début et à la fin du récit. Il cède la place à la sœur aînée du garçonnet mais la fonction que celle-ci est amenée à remplir est indubitablement d'ordre maternel de telle sorte que nous pouvons dire que ce personnage constitue, de toute évidence, une projection fantasmatique représentant la sœur réelle de François qui, avons-nous vu, n'a pas cessé depuis longtemps de jouer un rôle véritablement maternel auprès du garçonnet.

Au début du récit, la mère apparaît sous un angle négatif semblable à celui de la première histoire : elle est au lit et invite le petit garçon à y grimper pour qu'elle l'embrasse; le sens de cette phrase nous semble clair : nous avons ici une allusion fantasmatique à l'état confusionnel que la mère, aussi bien que le garçonnet d'ailleurs, désire encore, du moins aux yeux, si nous osons dire, de l'inconscient de François, désir teinté en outre d'une coloration œdipienne indéniable de telle sorte qu'en fait ce désir appartient au petit garçon beaucoup plus qu'à la mère. Mais François a peur que cet état confusionnel ne l'étouffe, d'où sa crainte, dans l'histoire, des couvertures !

La sœur aînée, dans son rôle maternel, n'apparaît pas à proprement parler abusive et castratrice; par contre, le garçonnet se montre à son égard assez agressif : il « l'éclabousse » beaucoup ! Remarquons que François l'a fait entrer dans la baignoire avec son petit frère, où ils sont tout nus l'un et l'autre; le garçonnet l'éclabousse derechef puis ils jouent fort longtemps ensemble. Il ne fait pas de doute, nous semble-t-il, que François exprime ainsi son ambivalence à l'égard du personnage maternel : il voudrait certes goûter encore la sécurité protectrice du sein de sa mère — le symbolisme de la baignoire est à ce point de vue très lumineux — mais il redoute l'étouffement que cet état confusionnel peut entraîner; c'est pourquoi le petit garçon qui dans le récit le représente, se montre tout à la fois ravi de barboter dans la même eau (maternelle) que sa sœur mais agressif aussi à l'égard de celle qui symbolise sa mère.

Le châtiment ne se fera d'ailleurs pas attendre : le petit garçon périra noyé; noyé par cette eau maternelle qu'il aura en quelque sorte agressée; noyé aussi par cette eau foncièrement étouffante.

Notons encore qu'une coloration érotique incontestable teinte ces jeux d'eau et que l'oraison funèbre que prononce la mère sur la mort de son fils (« Tant pis ») révèle le caractère fondamentalement négatif du personnage maternel tel que François l'*éprouve*.

Au terme du récit, nous découvrons une allusion à un certain érotisme féminin peut-être teinté d'homosexualité. Ne serait-ce pas, en définitive, l'expression certes très discrète d'une tendance de François à cette particularité sexuelle qu'il projetait sur sa mère et sa sœur ? Aucun indice sûr ne nous permet de répondre à cette question ni de savoir si, peut-être, l'attitude de la mère et de sa fille n'incite pas l'inconscient du garçonnet à leur prêter cette tendance homosexuelle.

Nous n'avons pu entreprendre une psychothérapie qui, à coup sûr, se serait révélée aussi nécessaire qu'intéressante.

Nous avons toutefois présenté ces deux récits à nos lecteurs dans la mesure où ils nous paraissaient, en eux-mêmes, particulièrement significatifs.

OBS. N° 3 - ISABELLE P...

Pour une meilleure compréhension du cas, esquissons d'abord en quelques lignes le portrait somato-psychique de la fillette.

L'infirmité motrice cérébrale d'Isabelle se manifeste essentiellement dans une quasi-paralysie des membres inférieurs avec déformations podales progressives. L'équilibre en station debout demeure inexistant sans aide ou appui. Il se révèle satisfaisant en position assise, sans attelle. Les membres supérieurs témoignent d'une psychomotricité quasi-normale : c'est à peine si une légère spasticité se remarque.

L'élocution, la vue et l'ouïe ne présentent aucun trouble, de même que l'intelligence.

L'étiologie de cette infirmité motrice cérébrale demeure incertaine : la fillette fut post-maturée mais la mère affirme que les difficultés motrices n'apparurent qu'après une chute du bébé à l'âge de quelques mois.

Isabelle est la cadette de quatre filles et de quatre garçons; plus précisément, elle n'est que leur demi-sœur dans la mesure où la mère l'a mise au monde hors mariage, lors d'une liaison, après avoir été abandonnée par son mari.

Cette mère se présente comme une femme psychologiquement très fruste; à première vue, elle témoigne d'une attitude très surprotectrice à l'égard d'Isabelle.

Toutefois, bien qu'ayant consulté de nombreux médecins, elle n'a jamais accepté que la fillette suive un traitement de kinésithérapie, à part quelques séances, il y a deux ou trois ans; de même, elle a toujours refusé jusqu'à présent les interventions chirurgicales que les déformations podales d'Isabelle rendent aux yeux des médecins nécessaires autant qu'urgentes.

Par contre, elle fréquente volontiers les rebouteux : c'est ainsi qu'à l'heure actuelle, elle emmène la fillette tous les mercredis à cent kilomètres de son domicile chez une guérisseuse qui effectue des applications de feuilles de choux (*sic !*) sur toutes les articulations d'Isabelle...

En réalité, cette mère se montre extrêmement possessive et accaparante : elle maintient sa fillette en position quasi-fusionnelle avec elle et prend motif — ou prétexte — des difficultés motrices d'Isabelle pour la garder sous son étroite dépendance.

Cette femme, ancienne pupille de l'Assistance Publique, abandonnée par son mari puis par le père d'Isabelle, en butte à des soucis financiers considérables, souffre incontestablement de névrose et se sert, au niveau inconscient, de l'infirmité motrice de sa fillette pour conférer à celle-ci le statut d'objet névrotique; c'est pourquoi elle réagit toujours avec beaucoup d'agressivité lorsqu'autrui — personnes de son entourage, assistante sociale, psychologue, médecin... — tente de lui démontrer l'impérieuse nécessité d'un traitement kinésithérapique et psychothérapeutique pour Isabelle : ce double traitement constitue pour l'inconscient maternel un danger considérable : il risque de briser l'étroite dépendance de la fillette en ôtant à la mère, d'une façon au moins partielle, l'excuse de l'obligation de prodiguer ses soins à Isabelle incapable de subvenir seule à son entretien journalier (toilette, menus déplacements, etc.).

C'est pourquoi Madame P... invente mille prétextes ou subterfuges afin de contrecarrer, sans en avoir l'air, les efforts de ceux qui essaient par diverses démarches et contacts de mettre sur pied un traitement psychothérapeutique et médical dont ils s'efforcent simultanément de montrer la nécessité toujours plus urgente à la mère.

Le psychisme d'Isabelle porte, on s'en doute, la marque très visible de cette emprise maternelle exorbitante...

L'on remarque d'abord que l'insécurité psychologique fondamentale caractéristique des petits infirmes moteurs cérébraux [1] se trouve exacerbée.

L'on découvre, en outre, d'une manière tout aussi indéniable, qu'Isabelle se sent à ce point sous la dépendance maternelle qu'elle a, d'une part, l'impression d'être complètement étouffée et qu'elle désire vivement, d'autre part, au niveau de l'inconscient, échapper à cette emprise abusive.

Mais cette tendance à la fuite la culpabilise fortement dans la mesure où elle se considère tout à la fois comme agressive et ingrate à l'égard de sa mère. C'est pourquoi, par un mouvement compensatoire tout à fait courant, elle

---

[1] Sur ce sujet, voir notre article *La psychologie du petit I.M.C.*, La tribune de l'enfance, n° 93, mai 1972.

témoigne, d'une part, consciemment, d'un attachement très vif, de nature passive, au personnage maternel et, d'autre part, d'une tendance non moins nette à assumer, dans les profondeurs de son psychisme, cette dépendance dont elle retire tout de même certains avantages secondaires non négligeables.

Ainsi inconsciemment tiraillée et culpabilisée, Isabelle éprouve le sentiment d'être profondément mutilée et menacée de morcellement, source éventuelle de destruction et de mort.

Cette angoisse de mutilation, que l'on retrouve chez bon nombre d'enfants infirmes moteurs cérébraux, se révèle exacerbée chez Isabelle sous l'influence de la contrainte maternelle excessive, dans la mesure aussi où la fillette s'éprouve comme objet (névrotique) de la mère et non point comme sujet en voie d'acquérir son autonomie. Ce fantasme angoissant est à ce point développé qu'il entraîne une tendance — certes très discrète encore quoique indéniable — au psychotisme : certains signes nous font craindre en effet que l'inconscient d'Isabelle ne cède à la tentation d'une dissolution progressive de la personnalité avec le risque d'un repli autistique.

Ajoutons que l'absence d'image paternelle, déjà pernicieuse en elle-même, aggrave considérablement l'influence néfaste de l'emprise maternelle et de la blessure narcissique que constitue l'infirmité motrice cérébrale assez grave d'Isabelle.

Durant les trois premières séances de psychothérapie, la fillette a manifesté une prédilection très caractérisée pour le « jeu des histoires », un jeu consistant pour Isabelle à inventer un long récit à partir d'un thème très bref donné par le psychothérapeute à la demande de la fillette.

Nous voudrions présenter l'un de ces récits et l'analyser ensuite brièvement.

Cette histoire fut élaborée lors de la seconde séance; le psychothérapeute l'écrivit sous la dictée d'Isabelle, dictée d'une quarantaine de minutes sans la moindre intervention du scripteur qui demeura silencieux et sans réaction apparente, dictée durant laquelle la fillette n'a cessé de se balancer avec énergie d'avant en arrière tout en troussant sans cesse sa jupe de façon à se dénuder les cuisses et l'abdomen que sa culotte dissimulait à peine.

Le thème proposé fut celui d'une fable de L. Düss, « L'oisillon », que nous rappelons à nos lecteurs : « Une maman-oiseau, un papa-oiseau et leur petite fille-oiseau dorment dans leur nid au sein de la forêt; mais la tempête se met à souffler et détruit le nid... ».

Isabelle a aussitôt enchaîné : « Le papa et la maman se sont envolés; la fille-oiseau est restée dans l'arbre. Alors, elle a crié. Les habitants de la forêt sont venus autour de l'arbre. Le hibou a volé dans l'arbre; il a vu la petite fille-oiseau. Le hibou dit à ses amis : ” C'est une petite hirondelle qui a perdu ses parents pendant la tempête ! ”. Le hibou dit à la mouette : ” Tu vas essayer de retrouver les parents de cette petite hirondelle qui s'est perdue ”. La mouette revient une demi-heure plus tard : ” Je ne les ai pas trouvés ”, dit-elle. Ensuite, le hibou dit à tous les habitants de la forêt : ” Je vais emmener la petite hirondelle dans mon tronc d'arbre pour la nuit. Demain matin, nous partirons tous à la recherche de ses parents. Pour le moment, je vais donner à manger à la petite hirondelle qui a très faim. Vous pouvez retourner dans vos logements. N'oubliez pas, demain matin, que nous devons partir à la recherche des parents de cette petite hirondelle ”. Le hibou dit à la mouette : " J'espère que tu n'as pas oublié de regarder dans les troncs d'arbres et dans les grottes voisines ". La mouette dit alors : " Je crois que oui; j'ai oublié de regarder dans la grotte la plus proche de ce tronc d'arbre. Je vais voir tout de suite dans la grotte et s'ils y sont, je lancerai mon cri habituel ".

» Le lendemain matin, tous les habitants de la forêt partirent à la recherche des parents de la petite hirondelle. Le hibou dit : " Mais où est la mouette ? Hier soir, elle est partie à la recherche des parents de la petite hirondelle dans la grotte auprès du tronc d'arbre où nous avons trouvé la petite hirondelle. Elle n'est pas revenue depuis hier soir. Cherchez encore ici, je vais voir où elle est ". Le hibou alla dans la grotte, il trouva la mouette qui était coincée dans un piège. Le hibou dit : " Que vous est-il arrivé, madame la mouette ? ". La mouette dit : " Je ne m'en souviens plus car j'ai été assommée par ce bâton-là. Quand je me suis réveillée, je l'ai poussé avec mes ailes. Oh ! monsieur le hibou, sortez-moi de ce piège ". Alors le hibou dit : " Vous n'avez rien de cassé ? ". La mouette dit : " Non mais vous voyez bien que je suis coincée. Les parents de la petite hirondelle ne sont pas là ". Le hibou dit : " Si vous n'avez rien de cassé, venez avec moi voir si les autres animaux de la forêt ont trouvé les parents de cette pauvre petite hirondelle ". Plus tard, la mouette était sortie du piège. Un quart d'heure plus tard, ils arrivèrent là où le hibou avait laissé ses amis; il dit alors : " Vous autres habitants de la forêt, avez trouvé les parents de cette pauvre petite hirondelle ? ". Le cerf, roi de la forêt, dit : " On a trouvé des branches cassées et des marques de pattes fraîches ". Le hibou dit alors : " Donc, ils ne doivent pas être loin ". Ils allèrent un peu plus loin et ils trouvèrent les parents de la petite hirondelle. Le cerf, roi de la forêt, dit : ”Vous voilà ! Votre petite fille vous attend, pas loin d'ici ”. La maman hirondelle dit alors : ” Oh ! Ma petite fille n'est pas perdue ! ”. Le hibou dit : ” On a eu beaucoup de mal à vous trouver ! ”.

» Ils partirent tous ensemble, joyeux, au clair de lune. Ils fêtèrent l'arrivée des parents de la petite hirondelle.

» Les parents et la petite hirondelle s'envolèrent, joyeux : ils referont un nid demain car maintenant le hibou leur a donné son nid pour la nuit. Le hibou dit : ” Bonsoir et à demain ! ”. »

Avant d'entreprendre l'analyse de ce texte, signalons que la fillette, d'abord quelque peu inhibée au début de la première séance, s'est détendue toutefois très rapidement et nous a déclaré, non sans une pointe d'ironie, en choisissant le « jeu des histoires » : « Je viendrai désormais vous voir pour que vous jugiez si j'ai beaucoup d'imagination ! ».

Cette phrase, nous semble-t-il, se révèle très significative dans la mesure où la fillette, en mentionnant son imagination, s'engage en quelque sorte à s'exprimer devant le psychothérapeute, c'est-à-dire à entrer en contact, en dialogue avec lui, à s'ouvrir à lui, pour ainsi dire, dans la mesure aussi où le recours à l'imagination implique que la communication ne sera point directe et univoquement rationnelle mais qu'elle empruntera le chemin du symbole et de l'allusion; c'est pourquoi Isabelle précise qu'il faudra que le psychothérapeute « juge » les produits de son imagination, c'est-à-dire qu'il les décode et les interprète.

Sitôt cet engagement pris et afin, si nous osons dire, de nous confirmer dans le rôle qu'elle entend nous faire jouer, Isabelle nous dicte l'histoire que nous venons de retranscrire, cette histoire où elle nous met en scène de même qu'elle-même, sa mère et une autre personne de son entourage — une assistante sociale — dont nous reparlerons ci-dessous, où elle nous impose en quelque sorte un rôle à son bénéfice, celui, à n'en pas douter, du psychothérapeute ainsi que nous espérons le montrer au cours de notre analyse.

Il n'est pas douteux en effet qu'au niveau des projections et identifications inconscientes, Isabelle nous assimile au hibou tandis qu'elle se projette dans la petite hirondelle. Quant aux parents, s'ils s'envolent et laissent leur fillette à l'abandon (Isabelle ne dit pas qu'ils ont entrepris la moindre recherche pour retrouver la fille-oiseau), nous remarquerons d'abord que le père est absent du foyer d'Isabelle et, ensuite, que la fillette désire inconsciemment fuir sa mère et se libérer de son emprise excessive; mais, par un processus tout à fait courant de projection, elle affirme que cette fuite est l'œuvre maternelle et non la sienne, ceci afin de diminuer, sinon de supprimer, la culpabilité qui saisirait Isabelle si elle cédait à la tentation d'exprimer ouvertement son désir inconscient de fuite. Il faut ajouter d'ailleurs qu'en dépit du caractère très possessif de l'emprise maternelle, la fillette peut éprouver l'attitude de sa mère comme réjectrice en un certain sens dans la mesure où Madame P... considère sa fille comme un objet névrotique et non comme un sujet autonome, allant jusqu'à lui dire, une fois, « Si tu étais morte, je serais beaucoup plus tranquille », paroles de colère et très rares dans la bouche de Madame P... mais qu'un enfant n'oublie pas même s'il comprend qu'elles découlent d'une impulsion incontrôlée, a fortiori peut-être...

Dans le récit qu'elle élabore, Isabelle investit le hibou, c'est-à-dire le psychothérapeute, de la mission de lui venir en aide, d'une part, en l'hébergeant, et, d'autre part, en organisant la recherche de ses parents. C'est d'ailleurs parce qu'elle attribue une semblable mission au hibou que nous établissons un rapport entre cet oiseau et le rôle de psychothérapeute. Celui-ci doit prendre l'oiseau Isabelle en charge parce que la fillette se sent très isolée et ne connaît personne (d'autre) susceptible de lui venir en aide, parce qu'en outre, elle se révèle trop faible et trop démunie pour affronter seule un monde extérieur, qu'elle vit comme dangereux et contraignant, sur le modèle de ses relations avec sa mère.

Notons encore quelques signes du rôle prépondérant du hibou-thérapeute : c'est lui, avant tous les autres animaux, qui découvre la petite hirondelle; c'est lui, le premier, qui déclare qu'elle « a très faim » sans que l'oisillon le signale d'abord; pour l'inconscient d'Isabelle, le hibou-thérapeute est capable de la découvrir, d'une part, c'est-à-dire, en fait, de lui reconnaître le statut de sujet autonome, et de percevoir ses besoins, d'autre part, c'est-à-dire d'être sensible à ses aspirations fondamentales d'enfant, tout cela sans qu'elle doive prendre l'initiative de les lui exprimer. En d'autres termes, la découverte, par le hibou, de la petite hirondelle nous apparaît comme la transposition symbolique d'une autre découverte, beaucoup plus fondamentale, celle de la fillette en tant que personne, en tant qu'entité autonome et structurée; rappelons-nous en effet qu'Isabelle sert en fait d'objet névrotique à sa mère, qu'elle n'existe pour celle-ci qu'en tant qu'elle remplit une fonction dont le but n'est que de satisfaire le narcissisme à tendance sadomasochiste de la mère et de combler le *vide* que ressent l'inconscient maternel : Isabelle se voit contrainte d'une certaine manière à demeurer dans un état quasi-fusionnel avec sa mère et c'est pourquoi, d'une part, celle-ci exige que la fillette partage le même lit et se colle, littéralement, au corps maternel : « Je lui réchauffe les pieds (*sic*) » déclare la mère, « cela est indispensable ! » et c'est pourquoi, d'autre part, la fillette est encore habillée, déshabillée, lavée, portée comme un poupon dont elle doit encore jouer en quelque sorte le rôle pour satisfaire l'inconscient maternel.

Au début de l'histoire, souvenons-nous en, le hibou charge la mouette d'une mission de recherche. Que représente, que symbolise cette mouette ? Il semble qu'Isabelle projette en cet oiseau un ou plutôt deux personnages : une assistante sociale, d'une part, et sa marraine, d'autre part; cette double identification constitue un procédé banal et d'autant plus justifié dans le cas d'Isabelle que ces deux personnes jouent un rôle identique de sauvegarde affectueuse à son égard et se trouvent en accord complet quant à la nécessité d'un traitement médical et psychothérapique.

Isabelle affirme qu'elles échouent dans leur mission et qu'elles y perdent en outre quelques plumes (la « mouette coincée dans un piège »). Cela correspond indéniablement à la réalité puisque l'assistante sociale, lorsqu'elle a fait appel au psychothérapeute, lui a déclaré qu'elle « ne savait plus à quel saint se vouer » et que « l'attitude de la mère, se refusant à tout traitement, la désespérait ». Il faut toutefois ajouter que cet échec se révèle relatif puisque cette assistante sociale a persuadé la mère d'Isabelle d'accepter l'examen psychologique, le traitement psychothérapique et la consultation d'un médecin... Précisons d'ailleurs que la mère montre actuellement beaucoup de réticence à la poursuite de la psychothérapie, estimant qu'Isabelle « ne sera point guérie en dessinant et en jouant

avec cet homme, occupation enfantine... ». Elle a « fait
une scène » dernièrement à sa fillette parce que celle-ci
n'a pas osé, n'a pas voulu nous dire qu'elle ne viendrait
plus désormais aux séances... à moins de le faire en
cachette, si cela est possible, car Isabelle ne veut point,
pour sa part, abandonner...

L'inconscient d'Isabelle a fort bien compris le soutien
que l'assistante sociale et sa marraine désirent lui procurer
et les difficultés qu'elles éprouvent à lui venir en aide; il
ne fait pas de doute, nous semble-t-il, que la fillette tend
inconsciemment à s'identifier à ces deux personnes con-
fondues grâce à leur rôle commun et complémentaire et
c'est pourquoi, à notre avis, elle se projette elle-même dans
la mouette prise au piège au fond de la grotte (un *lapsus
linguae* au cours de la dictée — « hirondelle » au lieu de
« mouette », *lapsus* qu'elle a presque aussitôt corrigé, nous
paraît significatif à ce point de vue).

Si nous nous souvenons que la grotte peut être symboliquement considérée comme la matrice maternelle, nous
pouvons en déduire qu'Isabelle, par l'intermédiaire de cette
image, tente d'exprimer la contrainte que lui impose l'état
fusionnel avec sa mère; qui plus est, le bâton qui assomme
la mouette peut apparaître comme la transcription symbolique d'un fantasme bien connu, le « phallus maternel »,
source d'angoisse castratrice et dévoratrice, le phallus de
la *mauvaise mère,* au sens psychanalytique de cette
expression.

Notons qu'il incombe, semble-t-il, au hibou-thérapeute
de délivrer la mouette, c'est-à-dire dans ce cas, Isabelle;
le récit ne l'indique pas clairement peut-être parce que la
fillette, en ce début de psychothérapie, ne sait pas encore
(ce n'est pour elle qu'une espérance) s'il la délivrera réel-

lement, c'est-à-dire s'il l'aidera à se reconnaître comme sujet autonome en lui attribuant lui-même cette qualité.

Notons encore qu'il lui demande si elle « n'a rien de cassé » : ceci nous paraît le signe que l'emprisonnement au sein du piège symbolise pour la fillette la mutilation castratrice que l'emprise maternelle exorbitante lui fait psychiquement subir.

Il nous reste à rechercher pourquoi Isabelle établit un rapport entre le psychothérapeute et le hibou, en projetant le premier dans le second.

Cet oiseau nocturne peut symboliser en quelque sorte pour l'inconscient de la fillette ce qui concerne les profondeurs obscures du psychisme, ce qui entre en relation avec elles, les met en branle et les contrôle, une espèce de thaumaturge pour ainsi dire.

D'autre part, l'aspect quelque peu mystérieux et inquiétant de cet oiseau peut évoquer aussi, sans aucun doute, l'ambiguïté que revêt pour l'inconscient d'Isabelle le sexe masculin qu'elle dévalorise profondément, d'une part, sous l'influence maternelle (image très négative que les tests projectifs ont bien mise en lumière) et dont elle subit incontestablement l'attrait fascinateur, d'autre part (nous avons signalé ci-dessus le comportement indubitablement séducteur qu'elle adopte inconsciemment à l'égard du psychothérapeute lorsque, en un geste répété tout au long de la dictée et dépourvu de toute équivoque, elle retrousse sa jupe et se dénude l'abdomen à peine couvert d'une culotte quasi transparente...).

A ce moment, Isabelle projette l'image paternelle sur le psychothérapeute et agit, au niveau de l'inconscient, selon la problématique œdipienne.

Après nous avoir ainsi reconnu en tant que psychothérapeute, c'est-à-dire en tant qu'adulte susceptible de la *désaliéner* en la reconnaissant comme sujet autonome, après nous avoir demandé de l'aider à prendre conscience d'elle-même et à la réintégrer dans le cadre familial et social (le hibou-thérapeute remet l'oiseau-Isabelle à ses parents devant tous les animaux de la forêt), la fillette nous dépeint ensuite quelle était la nature exacte de ses relations avec sa mère en utilisant à nouveau un langage allusif et imagé qu'elle développa au long de deux récits qu'elle nous dicte lors de séances ultérieures, confirmant ainsi sa prédilection pour le « jeu des histoires » dont l'importance se révéla essentielle au cours des premiers mois de la psychothérapie d'Isabelle.

Ecoutons-la d'abord.

« Il était une fois une mère-cane qui avait huit petits canetons; le plus jeune était le plus coquin. Quand ils furent assez âgés, mère cane décida de leur apprendre à nager. Elle leur dit de se mettre en file indienne mais le plus jeune et le plus coquin était le dernier; alors, il décida d'aller se promener. Il rencontra en chemin l'âne qui lui dit : " Que fais-tu si loin du poulailler ? ". " Je me promène ", lui répondit-il. Il continua son chemin, rencontra la brebis et ses petits; " Que fais-tu si loin du poulailler ? " lui dit-elle; " Tu sais que c'est très dangereux car tu pourrais te perdre ". " Je le sais ", dit-il, " mais ne vous en faites pas, chère brebis; je ne me perdrai pas ". La mère-brebis dit : " Je ne serais pas étonnée si ta mère me dit que tu t'es perdu dans les bois ". Il continua son chemin et rencontra le père lapin qui lui dit : " Que fais-tu si loin du poulailler ? "; " Je vais dans les bois " répondit le petit canard. " Mais la nuit va tomber ", dit père-lapin. " Ne t'inquiète pas, père-lapin. Je rentrerai avant la nuit. Si tu vois maman-cane, dis-lui de ne pas s'inquiéter, que je suis dans les bois ". Alors il alla dans les bois. Il écoutait chanter les oiseaux, regarda le soleil, les arbres, les fleurs. Il marchait toujours sans se rendre compte que la nuit était tombée. Il marcha pendant des heures et des heures sans s'en rendre compte. Il se rendit compte qu'il s'était perdu quand la fatigue commença à le tourmenter. Il se mit à crier et à pleurer; il appelait de tous côtés "au secours ! au secours ! "…

» Père-lapin avait averti maman-cane. Maman se fit du souci car la nuit était tombée, car son caneton n'était pas revenu. Mère-cane et son mari allèrent dans la forêt, suivirent les traces qu'avait laissées leur caneton. Ils firent tout le chemin qu'avait fait leur caneton. Six heures plus tard, ils le retrouvèrent endormi dans la clairière. Ils le ramenèrent chez eux, le couchèrent avec ses frères et sœurs et eux-mêmes se couchèrent. Le lendemain, le vilain petit canard reçut une punition, qu'il ne mangerait pas de toute la journée et ne jouerait pas avec ses frères et sœurs. »

Notons d'abord l'influence indéniable du conte célèbre *Le vilain petit canard*; l'affirmation d'une semblable influence ne doit pas nous entraîner à refuser toute signi-fication au récit d'Isabelle : si la fillette s'est souvenue, consciemment ou non, de ce conte, c'est, de toute évidence, parce qu'elle se trouvait psychiquement motivée pour ce faire; dès lors, ainsi que nous l'avons déjà dit, découvrir la source en quelque sorte historique de l'activité imaginaire de l'enfant ne doit nullement nous inciter à dénier toute signification aux produits de cette activité imaginaire dans la mesure où ce n'est jamais par fantaisie pure que l'enfant, dans son travail d'imagination, se laisse influencer par telle ou telle source (événement vécu, conte entendu, etc.) mais c'est parce qu'il existe pour ainsi dire une espèce de connivence entre cette source et le psychisme profond de l'enfant; plus exactement peut-être, c'est parce que la signification psychologique de l'événement vécu ou du conte entendu correspond et entre en résonance avec la problématique psychique fondamentale de l'inconscient puéril que l'imagination de l'enfant s'en sert comme point de départ ou source d'inspiration de ses productions.

Remarquons en outre le parallélisme significatif entre le nombre de canetons et celui des garçons et des filles constituant la famille de Madame P... Huit de part et d'autre ! Ajoutons qu'Isabelle se trouve être, comme le vilain petit canard, la dernière et la plus jeune des frères et sœurs; il en découle indubitablement, nous semble-t-il, que la fillette s'identifie au caneton et projette en celui-ci ce que son inconscient éprouve au plus intime de lui-même.

La fillette, de toute évidence, lorsqu'elle narre le refus du caneton d'obéir à sa mère et le déroulement de son escapade, exprime ainsi son propre désir d'échapper à l'emprise maternelle vécue comme excessive.

Mais elle éprouve aussitôt inconsciemment une profonde culpabilité en face de cette revendication d'autonomie; c'est pourquoi, d'une part, elle présente d'emblée le caneton comme un « coquin » (elle le qualifie ainsi deux fois) et montre, d'autre part, le désarroi de l'animal (« il crie, il pleure : au secours ! au secours ! ») et la punition que lui infligent ensuite ses parents : punition significative dans la mesure où, d'abord, elle vise la pulsion primitive de l'oralité (le canard est mis à la diète durant une journée... Or, Isabelle se révèle gourmande...), dans la mesure, ensuite, où elle tend à isoler le coupable (il ne pourra jouer avec ses frères et sœurs : or, Isabelle, nous l'avons vu, témoigne de quelques traits psychotiques tels que, par exemple, le repli sur soi, les jeux solitaires...).

Par cette histoire, la fillette nous indique l'impossibilité pour elle d'échapper à l'emprise maternelle vécue comme excessive; elle le voudrait certes pour respirer enfin et acquérir son autonomie mais elle en est en quelque sorte empêchée par un profond sentiment de culpabilité qu'accompagne une non moins profonde auto-dépréciation. Le châtiment se révèle dès lors inéluctable et l'atteint au plus vulnérable d'elle-même : cette pulsion orale dont le caractère primitif indique par ailleurs l'aspect nettement prégénital que révèlent encore, au moins partiellement, les relations d'Isabelle et de sa mère, ainsi que d'autres indices (entre autres, certains tests projectifs) nous l'ont déjà appris.

Notons enfin, pour mémoire, l'aspect répétitif de la question « Que fais-tu si loin du poulailler ? », typique de la littérature orale et enfantine; cette question est posée par les trois animaux que rencontre le caneton au début de son escapade; ceux-ci symbolisent sans doute pour l'inconscient d'Isabelle les divers membres de la société et blâment explicitement la conduite du petit canard : cela ne peut nous surprendre dans la mesure où la mère sert au jeune enfant de point de référence : ce que la volonté maternelle juge bon ou mauvais, autrui l'estimera tel également...

Le second récit corroborera et nuancera le premier.

Ecoutons-le :

« Le petit agneau que la maman-brebis attendait est né. C'était une petite fille. Quinze jours après sa naissance, elle vit son grand frère qui lui dit : " C'est toi, ma sœur ? ". Elle répondit : " Oui. Pourquoi ? ". Il dit : " Ce que tu es petite ! ». La maman intervint : " Bien sûr qu'elle est petite ! Car elle est née il n'y a pas longtemps ". Le grand frère dit alors à sa sœur : " Viens ! Je vais te présenter à mes amis ! ". La petite sœur timide lui répondit : " Non, je préfère retourner à côté de maman car elle est si gentille pour moi que je l'aime et que je l'adore ". Le grand frère, jaloux, lui dit : " Si tu y vas, je ne te présenterai pas mes amis ! ". Elle dit : " Cela ne fait rien si tu ne me présentes pas tes amis car moi j'ai des amis plus gentils que toi ! ". Le grand frère dit : " Je te rattraperai quand tu partiras au côté de maman; si tu ne veux pas m'écouter, j'appellerai tous mes amis et nous te jetterons dans le buisson que tu vois ici ". La petite sœur dit alors : " Tu sais, si tu appelles tes amis, moi, j'appellerai maman ". Alors, le grand frère se mit à rire et lui dit : " Tu parles mais maman est partie se promener toute seule dans le bois ". La petite sœur dit : " Je vais la rejoindre, que cela te plaise ou non ". Son frère, de colère, lui dit : " Si tu fais un pas de plus, dans trois secondes, j'appellerai mes amis ". La petite sœur lui dit : " Si tu appelles tes amis, j'appellerai les miens et nous jouerons à saute-mouton pour voir celui qui fera (le) plus de sauts sans les rater ". Dix minutes plus tard, la maman arriva. Elle dit : " Mais que faites-vous ? ". Alors, sa fille lui répondit : " On joue à saute-mouton et celui qui fera le plus de sauts sans se tromper tettera ton lait ". La maman dit alors : " Arrêtez de jouer à saute-mouton; et toi, Delphine, tu tetteras mon lait et pas ton frère ". Alors Delphine dit : " Mais maman, je lui ai promis ". Alors la maman dit : " Allez vous coucher, il se fait tard et demain matin, vous irez manger tous les deux dans le pré ". " Tous les deux ? " dit Delphine. " Oui, tous les deux " répond la maman. " Mais pourquoi ? " dit le grand frère. " Parce qu'il n'y aura pas de dispute comme cela ". Ils allèrent se coucher un peu vexés. Mais ils écoutèrent leur mère. La maman dit alors à Delphine : " Attends un peu, Delphine, avant d'aller te coucher : je veux te dire quelque chose ". " Quoi ? maman " dit Delphine. " Quelque chose " dit-elle. " De quoi s'agit-il ? ". " Je voulais simplement te demander pourquoi as-tu parié mon lait à ton frère ? ". " Parce qu'il me disait que tu étais partie te promener dans la forêt ". " Partie dans la forêt ? " dit-elle ! " Ne le crois pas. Car j'étais juste derrière ce buisson; je cherchais quelques branches de laurier mais je n'en ai pas trouvé ". " Mais ces buissons, dit la petite Delphine, c'est là où il voulait me jeter ! ". " Quoi ! Ton grand frère voulait te jeter dans un buisson ? ". " Oui, maman, c'est là qu'il voulait me jeter ! ". " Bon, dit maman, maintenant, va te coucher ". " Bonne nuit, maman " dit Delphine. " Et à demain matin ". La maman partit se coucher elle aussi. Mais (elle n'était) pas rassurée (de crainte) que son fils ne se lève pendant la nuit. Elle alla se coucher mais ne dormit pas de la nuit.

» L'aube se leva; toutes les brebis se levaient. Il faisait bon et frais. Delphine dit à sa maman : " Qu'il fait bon ! Puis-je aller m'amuser ? ". La maman de Delphine lui dit : " Il faut déjeuner d'abord. Ensuite, tu pourras aller t'amuser ". Après le déjeuner, Delphine alla s'amuser. Son grand frère lui dit avec gentillesse : " Où vas-tu Delphine ? ". " Moi, dit Delphine, je vais m'amuser. Pourquoi ? ". Alors, son grand frère lui dit: " Et maman, où est-elle ? ". " Elle a été chercher son déjeuner ". " Puis-je aller m'amuser avec toi ? " (dit le grand frère). " Oui " lui répondit Delphine. " Attends un peu ici, Delphine, je vais chercher mes amis ". Alors, Delphine lui dit : " Moi aussi, je vais chercher mes amis ". Et Delphine ajouta : " On se retrouvera ici avec nos amis ". Son grand frère lui dit : " Tu commences à grandir ". Delphine lui dit alors : " Oui, je sais ". Une heure plus tard, ils s'étaient bien amusés et maman arriva en disant à Delphine : " Comme tu as grandi, tu ne tetteras plus mon lait; tu es presque aussi grande que ton frère ". " C'est vrai ", dit Delphine. " Justement, dit sa maman, dans six jours, tu auras l'âge de ton frère ". Elle ajouta : " Si vous voulez, vous pouvez retourner dans la forêt ". Six jours plus tard, Delphine eut l'âge de son frère. Delphine dit à sa maman : " Merci de m'avoir nourrie quand j'étais petite ".

» Longtemps après, la maman dit à ses deux enfants : " Je voudrais que vous restiez avec moi car je commence à faiblir ". Les enfants, tout heureux, répondirent avec joie : " Oui, maman, nous resterons avec toi ".

» Six ans après, Delphine et son frère eurent beaucoup d'enfants et leur maman, si heureuse que Delphine avait beaucoup d'enfant, la mère de Delphine, dis-je, dit : " Je suis maintenant leur grand-mère ".

» Longtemps après, les enfants de Delphine grandirent et fêtaient l'anniversaire de leur mère bien-aimée; alors, ils chantèrent tous ensemble un air de fête en valsant. Ils embrassèrent tous leur mère et leur (sic) crièrent tous ensemble : " Bon anniversaire ! ". »

Précisons d'abord que le thème initial de cette histoire est celui d'une fable de L. Düss intitulée *L'agneau*, ainsi qu'on aura pu le deviner; le psychothérapeute le présenta en ces termes à la fillette qui le lui avait demandé : « Une maman-brebis allaite son agneau; un matin, elle lui déclare : Tu deviens trop grand pour continuer à boire mon lait;

tu mangeras donc de l'herbe désormais; j'aurai, pour ma part, un autre petit agneau qui boira mon lait... ».

Remarquons ensuite — brièvement tant il nous paraît sauter aux yeux — le thème de la jalousie fraternelle qu'Isabelle ne manque pas d'inclure tout au long de son histoire : agressivité évidente du grand frère, repli défensif de la petite sœur « auprès de maman », cette petite sœur à laquelle la fillette s'identifie indubitablement. Ces relations conflictuelles perdent toutefois leur caractère de rivalité au terme du récit mais au prix d'une frustration imposée par la mère à sa fille, frustration pour ainsi dire inévitable et finalement assez bien acceptée dans la mesure où le sevrage intervient parce que la petite sœur « est devenue aussi grande que son frère ». Cette réconciliation fraternelle se concrétise d'ailleurs par un mariage dont le caractère franchement incestueux devra retenir notre attention.

Il ne fait pas de toute non plus que l'inconscient d'Isabelle projette sur le grand frère sa propre agressivité à l'égard du sexe masculin, agressivité que de nombreux indices (notamment certains tests projectifs) ont bien mise en lumière. Sous l'influence maternelle, la fillette se sert de la rivalité fraternelle pour, à travers l'attitude agressive du grand frère, exprimer sa propre conception dévalorisante du sexe masculin; cette dévalorisation peut d'ailleurs apparaître aussi comme une réaction défensive dans la perspective de la situation œdipienne : en l'absence du père, Isabelle reporte sur son frère aîné ses pulsions incestueuses en même temps que ses réactions défensives; ces dernières, soulignons-le, ne l'emportent point en définitive puisque nous assistons au terme du récit à l'union du frère et de la sœur, l'inconscient d'Isabelle se permettant, pour ainsi dire, cette compensation fantasmatique...

Nous ne pouvons néanmoins nous arrêter ici dans notre interprétation de cette histoire.

Ainsi que nous l'avons déjà indiqué, un semblable produit imaginaire peut en effet constituer le support unique de plusieurs *messages,* très différents dans leur signification psychologique respective, parfois contradictoires en apparence (tout au moins sous l'angle d'une logique strictement rationnelle et consciente) mais qui n'en constituent pas moins chacun un élément, quelquefois essentiel, de la problématique inconsciente du psychisme enfantin.

C'est ainsi qu'il nous semble que les personnages du grand frère et de la petite sœur peuvent être considérés comme un dédoublement d'Isabelle elle-même, dans la mesure où le premier vient d'acquérir son autonomie par rapport à la mère tandis que la seconde se trouve toujours dans une situation quasi-fusionnelle avec elle; par ce dédoublement fantasmatique, la fillette nous paraît exprimer son propre tiraillement, partagée entre son profond désir d'autonomie par rapport à sa mère et son penchant toujours vivace pour le maintien d'une relation très étroite avec le personnage maternel, relation qui lui donne indéniablement, d'une part, certains avantages non négligeables ainsi que nous l'avons déjà souligné et, d'autre part, la soulage d'un profond sentiment de culpabilité qui l'étreint dans la mesure où elle aspire à rompre les liens qui l'unissent si étroitement à la mère.

Cette interprétation se fonde, entre autres, sur le fait que le grand frère invite sa petite sœur à l'accompagner, à quitter la mère tandis que Delphine déclare : « Je préfère retourner à côté de maman car elle est si gentille pour moi que je l'aime et que je l'adore ». La fillette exprime ainsi tout à la fois les avantages qu'elle retire de son état quasi-confusionnel avec la mère et le motif (« elle est si gentille ») pour lequel elle demeure à son côté : s'en éloigner constituerait à ses yeux une marque de non-amour, d'ingratitude entraînant un sentiment de culpabilité implicite.

Dans cette perspective, la conclusion de l'histoire, c'est-à-dire le mariage entre le frère et la sœur, apparaît comme un souhait d'Isabelle de réconcilier, d'harmoniser ses deux tendances contradictoires. Cette réconciliation peut s'opérer à partir du moment où la mère décide d'opérer le sevrage de la petite sœur, c'est-à-dire reconnaît que la fillette a grandi, « qu'elle est devenue aussi grande que son frère » et accepte alors de s'en séparer. Plus exactement sans doute, cette réconciliation consiste plutôt en une identification du frère et de la sœur en une semblable autonomie; complémentairement, la mère demande alors que ses deux enfants « demeurent à son côté »; il s'agit désormais d'une *requête,* et non plus d'une *contrainte,* adressée à deux personnes reconnues indéniablement comme sujets autonomes, deux individus qui, en fait, n'en font plus qu'un auquel Isabelle s'identifie indéniablement.

Ainsi donc, cette seconde histoire, tout comme la première, signale en quelque sorte au psychothérapeute le dilemme qui ronge pour ainsi dire Isabelle en ce qui concerne ses relations avec sa mère : aspiration à l'autonomie mais culpabilité subséquente; avantages de l'état quasi-fusionnel mais contrainte découlant d'une telle situation.

Ce faisant, la fillette, sous une forme assurément allusive, adresse une demande au psychothérapeute, celle de l'aider à dissiper le dilemme en question, une demande identique à celle qu'elle nous a faite au début de la cure psychothérapique dans la mesure où, de part et d'autre, il s'agit pour Isabelle d'acquérir, par notre intermédiaire, les possibilités qui lui permettront de se reconnaître comme sujet autonome, sans culpabilité excessive.

Cette enquête, la fillette l'effectuera peu à peu, au long d'une psychothérapie dont nous ne pouvons analyser ici le matériel abondant.

OBS. N° 4 - DOMINIQUE R...

Présenté par son père et sa grand-mère paternelle, Dominique, garçonnet de dix ans six mois, atteint d'une quadriplégie spastique avec athétose légère, séquelle d'une anoxie néo-natale assez grave, témoigna, au cours des deux visites précédant son entrée en internat médico-pédagogique pour débiles mentaux profonds, d'une telle angoisse diffuse que les examens psychologiques se révélèrent aussi difficiles que pénibles. L'investigation en ce domaine se heurta non seulement aux obstacles coutumiers qu'oppose l'infirmité motrice cérébrale, mais encore à un mutisme quasi complet de nature psychique puisque les examens neurophysiologiques et le témoignage de la famille signalaient que l'élocution, quoique assez déficiente, était acquise.

Les résultats, dont nous soulignons le caractère fort approximatif, de l'analyse psychologique révélèrent un niveau mental d'un an et demi environ. D'autre part, le témoignage assez précis de la grand-mère (elle s'occupait beaucoup du garçonnet dans la vie quotidienne) aboutit à un âge approximatif de trois ans.

La débilité profonde fut envisagée comme une hypothèse demandant confirmation, de telle sorte que l'admission ne fut décidée qu'à titre provisoire : il importait d'étayer le jugement définitif sur les résultats d'une observation de trois mois au minimum; le père et la grand-mère, dont l'attitude apparemment surprotectrice parut bientôt assez ambivalente, s'étonnèrent d'une prudence qu'ils jugeaient excessive : tous deux tentèrent de « prouver » la débilité profonde de Dominique en dressant un portrait très stéréotypé de l'enfant, où le *vécu* du garçonnet disparaissait derrière un tableau très « traditionnel » d'un « bébé » de deux ou trois ans; ils mirent sans cesse en relief les éléments qui, pensaient-ils, devaient apparaître au médecin psychiatre et au psychologue comme caractéristiques de la débilité profonde... A leurs yeux, il s'agissait indubitablement d'un *petiot demeuré* dont le séjour en famille devenait impossible en raison de circonstances précises, indépendantes de la volonté parentale... L'âge avancé de la grand-mère (soixante-quinze ans), la dépression nerveuse de la mère (« cela se comprend, n'est-ce-pas : son fils unique... »), la situation professionnelle du père, représentant de commerce, tout cela imposait le placement du garçonnet et constituait autant de contingences pénibles mais bien concrètes que l'on ne pouvait malheureusement nier...

Quoi qu'il en soit, Dominique fut admis comme interne pour une période d'essai de trois mois, renouvelable une fois avant décision définitive, et confié à une éducatrice-puéricultrice ne manquant point d'expérience.

Au début, le garçonnet adopta une attitude qui ne varia guère durant les premières semaines de son séjour, mais dont la signification ne parut point d'abord très explicite, dans la mesure où son comportement se révélait assez contradictoire, présentant tout à la fois les signes traditionnels d'une débilité mentale profonde et les caractéristiques d'un enfant dont l'intelligence se situait incontestablement dans une zone beaucoup plus favorable.

C'est pourquoi une observation minutieuse et de longue haleine se révéla indispensable afin de percevoir le fil conducteur et la structure d'un tel comportement à la texture si paradoxale.

Nous ne pouvons présenter *in extenso* les résultats de cette observation; nous nous contenterons d'en exposer les éléments essentiels en nous efforçant d'être tout à la fois succinct et complet.

Les problèmes de l'alimentation — nul ne s'en étonnera, à coup sûr... — furent les premiers que l'éducatrice dut affronter. Alors que, d'après le témoignage de la grand-mère, Dominique possédait un appétit certes très moyen mais régulier et digérait ses repas sans difficulté (il vomissait assurément quelquefois « quand il était fatigué mais c'était assez rare »), dès les premières bouchées qu'elle lui présenta, l'éducatrice comprit que le garçonnet ne les garderait guère, car s'il ne refusa point le contenu de la cuiller, les symptômes d'une crise nauséeuse apparurent bientôt. Une anorexie se développa dès lors, accompagnée de vomissements, phénomène assez traditionnel, lié d'une manière indubitable au traumatisme psychique banal de la mise en internat, qui disparut d'ailleurs assez vite pour céder la place à un comportement alimentaire beaucoup plus spécifique.

Présentons-en les caractéristiques fondamentales.

Un rituel précis accompagnait la prise de nourriture, un rituel auquel l'enfant ne prétendait point renoncer jusqu'en ses moindres détails, et qu'il imposait avec obstination à son éducatrice.

Il fallait d'abord qu'elle l'installât sur ses genoux, qu'elle l'inclinât comme s'il allait prendre le sein, qu'elle lui glissât la cuiller entre les lèvres pour qu'il pût la téter.

Il gardait la nourriture en bouche et la suçait pendant plusieurs secondes jusqu'à ce qu'elle se diluât dans sa gorge (il s'agissait, notons-le, d'aliments moulinés).

A ce rythme, les repas s'éternisaient : une heure en moyenne. Dominique, semblait-il, les allongeait à plaisir dès qu'il s'apercevait que l'assiette se vidait trop rapidement à son gré : il ralentissait alors la cadence et gardait plus long-temps la nourriture en bouche; de toute évidence, il éprou-vait une satisfaction non moins vive à manger et à se sentir dans les bras de son éducatrice ou, plus exactement, il dési-rait prolonger au maximum le plaisir, pour lui intense, de manger dans les bras de son éducatrice en adoptant la posi-tion du bébé au sein.

Le repas terminé, il n'était pas possible qu'elle le mît tout de suite au lit ou dans sa chaise : après l'avoir un peu redressé comme on le fait aux nourrissons, elle devait le garder sur ses genoux un petit moment jusqu'à ce qu'il s'assoupît. Alors seulement, elle pouvait le coucher pour la sieste ou la nuit sans qu'une crise nauséeuse ne le secouât.

Ajoutons qu'il n'acceptait point de boire à la tasse mais ne tolérait que le biberon pour le lait, l'eau et le potage.

Quant à ses préférences alimentaires, elles se révélaient tout aussi précises et contraignantes : il n'admettait guère que les substances à base lactée ou sucrée et marquait une prédilection indéniable pour le lait, les panades, les crèmes et les yaourts. Il avalait du potage pourvu que l'éducatrice le coupât abondamment de lait; il ingurgitait un peu de viande lorsqu'elle se présentait tout aussi copieusement imbibée de crème; il rejetait par contre tout ce qui révélait un aspect manifestement non laiteux, aussi bien en ce qui concerne la couleur que la consistance : il recrachait la nourriture grumeleuse...

Enfin, il ne tolérait qu'une seule éducatrice pour lui donner la becquée : la sienne... Lorsque celle-ci se trouvait en congé, il était inutile de présenter quoi que ce soit au garçonnet : lèvres serrées, regard absent, jambes raidies en extension (manifestant ainsi son déplaisir d'être dans des bras, pour lui, « étrangers »...) il demeurait aussi inerte qu'une souche...

De la sorte, il lui arriva de jeûner plusieurs jours d'affilée...

Ces jeunes embarrassaient beaucoup son éducatrice, de plus en plus attachée à l'enfant. Elle réduisit peu à peu au fil des mois ses congés hebdomadaires; elle aurait fini par les supprimer si le médecin et le psychologue ne s'y étaient fermement opposés pour le bien du garçonnet lui-même : une éducatrice surmenée perd en effet bon nombre de ses qualités...

Mise au courant de ce rituel alimentaire, la grand-mère parut d'abord s'étonner beaucoup : Dominique n'avait pas à la maison un comportement semblable; il mangeait, assis à la table, sanglé dans sa chaise, une nourriture quasi normale où les aliments solides, coupés en dés, avaient leur part; toutefois, il prenait encore matin et soir un biberon de lait. La grand-mère changea ensuite d'attitude d'une manière apparemment inexplicable : elle affirma que « souvent, il est vrai, Dominique jouait au petit capricieux » et

exigeait alors un rituel analogue à celui que nous connaissons. Dans l'immédiat, cette volte-face ne clarifia point les
données du problème mais elle acquit ensuite un sens assez
clair : la grand-mère pensait, en insistant sur la permanence
de ce rituel, nous persuader plus facilement de la débilité
profonde de son petit-fils.

Avant d'entreprendre l'analyse de ce comportement alimentaire, il nous paraît judicieux de poursuivre l'esquisse
d'un tableau sommaire de l'attitude globale du garçonnet
dans la mesure où il nous semble évident qu'on ne peut
tenter une interprétation de ce rituel si l'on n'a point devant
les yeux les divers éléments de l'observation clinique.

C'est pourquoi nous décrirons brièvement un second
aspect du comportement de Dominique, aspect essentiel,
à notre avis : la manière dont le garçonnet se préparait
au sommeil et passait la nuit.

En ce domaine encore, les exigences de l'enfant se révélaient aussi précises qu'inéluctables : Dominique ne s'en-
dormait que dans les bras de son éducatrice; celle-ci devait
en outre le bercer jusqu'à ce qu'il fût complètement assoupi.
C'est alors seulement qu'elle le couchait, sans crainte de le
voir s'agiter longuement et violemment, en proie à une
insomnie tenace, comme cela se passait les soirs où elle
était en congé : complètement raidi sous les sangles de son
berceau, les doigts griffant les couvertures, il pleurait sans
trêve jusqu'à ce que la fatigue le fît enfin succomber après
deux ou trois heures de sanglots pratiquement dépourvus
de larmes...

Dès qu'il s'était endormi, Dominique témoignait d'un
sommeil aussi profond que régulier; il ne s'éveillait guère
ou du moins pas totalement; lorsque cela lui arrivait, il
gémissait faiblement, à demi ensommeillé jusqu'à ce que

la puéricultrice de garde vînt auprès de son berceau : il suffisait qu'elle lui caressât la tête, le bordât plus étroitement et lui murmurât deux ou trois mots câlins pour qu'il s'interrompît de gémir et retrouvât un sommeil plus calme.

Quelquefois cependant, il s'éveillait tout à fait et seule alors son éducatrice arrivait sans trop de peine à le rasséréner. Ces réveils — plutôt rares — constituaient probablement la conséquence de cauchemars dans la mesure où Dominique témoignait alors d'une profonde angoisse accompagnée de larmes, de cris et d'un raidissement aigu de tout le corps.

Consultée sur le sommeil de l'enfant à la maison, la grand-mère eût une attitude analogue à celle que nous avons décrite au sujet des rites alimentaires : elle affirma d'abord que Dominique n'avait nul besoin des bras maternels pour s'endormir mais qu'il ne trouvait point le sommeil s'il n'avait une sucette en bouche; elle modifia ensuite ce premier témoignage en déclarant qu'« en effet certes son petit-fils aimait beaucoup à être bercé à l'heure de la mise au lit... ».

Une fois de plus, les paroles ambivalentes de la grand-mère ne facilitèrent point l'interprétation psychologique du comportement de Dominique; ne sachant pas exactement ce qui se passait à la maison, il nous était impossible en première analyse de savoir si l'attitude du garçonnet à l'internat découlait de son état mental ou du traumatisme psychique provoqué par son entrée en institut médico-pédagogique. Une observation minutieuse et longitudinale se révélait ainsi d'autant plus indispensable.

Quant à l'activité ludique du garçonnet, troisième domaine fondamental de son comportement, elle présentait elle aussi certains aspects très caractéristiques.

Après une période où Dominique témoigna d'une passivité complète (il n'avait même pas l'air d'apercevoir les jouets qu'on lui proposait et les laissait tomber aussitôt avec le plus grand dédain lorsque l'éducatrice tentait de les lui mettre en main), le garçonnet sortit partiellement de sa torpeur et s'adonna assez régulièrement au jeu de manipulation d'objets (petits cubes, jetons, éléments de construction, etc.) avec, au fur et à mesure que le temps s'écoulait, une propension de plus en plus affirmée à les empiler, à les entasser et même à ébaucher une construction plus ou moins cohérente, cela dans les dernières semaines de son séjour à l'essai.

Il faut préciser en outre, d'une part, que le garçonnet refusait toute espèce d'autres jeux (à part un peu de griffonnage dont nous allons parler ci-dessous) et, d'autre part, qu'il ne consentait à jouer aux cubes que dans certaines circonstances bien précises : il fallait d'abord la présence toute proche de son éducatrice; sans exiger qu'elle participât à ses jeux, Dominique l'entraînant près de son berceau, la faisait asseoir sur le lit puis s'installait à ses pieds; il jouait alors paisiblement un long moment et manifestait une profonde déception si l'éducatrice faisait mine de s'en aller : il tentait de la retenir ou de la ramener avec une obstination particulièrement vigoureuse. Si elle lui proposait un autre endroit, même en le gratifiant de sa présence, le garçonnet retombait dans son inertie; il en allait de même si l'éducatrice déposait les cubes près du berceau, en n'y restant pas elle-même.

Dominique ne pouvait donc jouer si les deux conditions (proximité du berceau et présence de l'éducatrice) n'étaient simultanément réunies; en d'autres termes, ces deux conditions n'en faisaient qu'une pour le psychisme du garçonnet et correspondaient à une attitude unique qu'il importe d'interpréter comme telle.

Dominique, avons-nous dit, s'adonnait également au griffonnage; mais cette activité — nul ne s'en étonnera sans doute — exigeait elle aussi pour se développer, une structure bien précise : si l'éducatrice voulait voir dessiner Dominique, il fallait qu'elle le prît sur ses genoux et qu'elle lui guidât la main au début de l'exécution; au terme de cette mise en train « assistée », le garçonnet poursuivait seul jusqu'à ce qu'il jugeât son « œuvre » achevée; alors, il la saisissait à pleines mains, l'approchait de son visage, la léchait puis, au début de son séjour, la déchirait et l'abandonnait; ensuite, après quelques semaines, négligeant quelquefois cette conclusion négative, il la plaçait en riant sous le nez de son éducatrice comme une offrande : il fallait alors que la jeune femme s'extasiât, remerciât et glissât le « chef-d'œuvre » dans son corsage; si elle ne sacrifiait pas à cette ultime partie du rituel, Dominique se chargeait lui-même de l'effectuer tant bien que mal; quelquefois cependant, il déchirait son œuvre et retombait ensuite dans une passivité absolue.

Pour dessiner, le garçonnet usait tantôt du crayon feutre, tantôt de peinture; il préférait incontestablement cette dernière : dédaignant un quelconque pinceau, il peignait avec ses doigts, se barbouillait copieusement de la tête aux pieds, s'agitait et se raidissait avec une intense satisfaction (il est bien connu que le petit infirme moteur cérébral spastique se raidit toujours beaucoup à la moindre émotion : joie ou douleur); il en venait assez rapidement à maculer son éducatrice, témoignant une indéniable prédilection pour la bouche de celle-ci; il gloussait alors avec vivacité et redoublait d'agitation convulsive.

Ses dessins, quant à leur forme, se réduisaient à peu de chose; dès qu'il était libre de ses mouvements, Dominique commençait par tracer plusieurs ovales superposés au pourtour de la feuille puis, venant au centre, reprenait en plus petit d'autres ovales; après quoi, il barbouillait le tout.

Quant aux couleurs, il marquait une préférence au début pour le noir, ensuite pour le rouge. Mais il était en ce domaine assez éclectique, utilisant volontiers tantôt l'ocre, tantôt le vert, tantôt le brun.

Interrogée sur ses jeux à la maison, la grand-mère déclara qu'il « n'en manquait pas (autos, cubes, etc.), qu'il les manipulait dès qu'on le lui proposait, sans qu'il en prenne jamais l'initiative; il semblait alors ne savoir qu'en faire, les considérant avec une espèce de crainte... » Quant aux dessins, il ne s'y adonnait guère : comme il portait crayons, couleurs et papier à la bouche, les parents, par souci d'hygiène, ne lui permettaient point de dessiner; « d'ailleurs, affirme la grand-mère, le pauvret n'était capable que d'informer gribouillages, tout juste bons à être jetés au panier... ».

Ce témoignage concordait donc assez bien avec les observations effectuées à l'institut médico-pédagogique et apportait en outre, aussi bien sur l'attitude de l'enfant que sur l'ambiance familiale, des précisions dont nous analyserons plus loin la signification psychologique au moment où nous aborderons l'étude des relations du garçonnet et de sa famille.

Auparavant, passons brièvement en revue les diverses facettes des rapports sociaux de Dominique.

Celui-ci témoignait, l'on s'en doute, d'une attitude très différente selon qu'il s'agissait de son éducatrice, des autres adultes et de ses compagnons de chambrée.

En ce qui concerne la jeune femme qui en avait la responsabilité, après une période d'opposition latente qui
s'était concrétisée au travers d'une passivité complète, d'une
inertie absolue (anorexie, mutité, surdité psychique entre
autres), le garçonnet s'était peu à peu attaché à son éducatrice, d'une manière très archaïque, en adoptant une attitude psychologiquement très régressive ainsi qu'on a déjà
pu le remarquer par les quelques exemples que nous venons
de fournir; cet attachement se révélait à première vue assez
ambivalent dans la mesure où il demeurait, de toute évidence, très fragile (Dominique retombait dans son inerte
isolement dès que son éducatrice ne répondait pas aussitôt
à son désir ou même sans motif apparent; en outre quelquefois, il semblait l'aborder avec crainte et incertitude,
comme s'il doutait du bon accueil qu'il en recevrait); d'autre part, cet attachement possédait d'indéniables racines
dans le mesure même où l'enfant, dès qu'il se trouvait
séparé de son éducatrice, se réfugiait dans une inertie totale
ou témoignait d'une indubitable agressivité lorsqu'un autre
adulte tentait de lui imposer quoi que ce soit.

Remarquons néanmoins qu'en dépit de cet attachement,
Dominique conserva le mutisme complet où il s'était
enfermé dès son entrée à l'institut médico-pédagogique : il
ne prononçait aucun mot, ne répondait point aux questions
mais semblait les comprendre, du moins les plus simples
d'entre elles au niveau de la vie quotidienne concernant les
besoins élémentaires de celle-ci : nourriture, sommeil, jeux.
Il s'exprimait en ayant recours à un répertoire de gestes
précis, stéréotypés, fort peu nombreux et souvent très ellip-
tiques; il n'en usait que pour satisfaire ses désirs les plus
immédiats et les plus concrets, et ne s'adressait qu'à son
éducatrice, à l'exclusion de toute autre personne; en outre,

il ne prenait guère l'initiative de ce dialogue — gestuel pour sa part, mais se contentait de répondre — le plus souvent d'une manière affirmative — aux propositions verbales de son éducatrice; quelquefois, cependant, lorsque celle-ci le frôlait ou passait dans son voisinage immédiat, il esquissait le geste fugitif de lui tendre les bras ou de l'entraîner vers son berceau sans qu'une telle démarche prît le caractère d'une demande délibérée : il s'agissait plutôt, semblait-il, d'une velléité comme si Dominique se voyait, se croyait incapable d'aller au bout de son geste, comme s'il pensait qu'un semblable geste demeurerait incompris de son éducatrice et ne pouvait dès lors avoir une suite favorable.

Enfin, très souvent, le garçonnet avait à l'égard de la jeune femme une attitude profondément interrogative comme s'il ne savait pas, d'une part, ce qu'il fallait lui répondre quand elle lui proposait l'une ou l'autre chose précise et, d'autre part, si les gestes par l'intermédiaire desquels il lui répondait correspondaient à ce qu'elle en attendait et s'ils seraient, en conséquence, non seulement compris mais surtout *admis* par elle; en d'autres termes, il craignait toujours, semblait-il, de commettre un *impair,* de *n'être pas dans le coup,* de subir toutes les conséquences dommageables d'une semblable inadaptation : incompréhension et mécontentement de son éducatrice, frustration subséquente du garçonnet, rupture finale du dialogue...

Par contre, dès que celui-ci se déroulait d'une manière satisfaisante, Dominique exprimait une joyeuse surprise teintée d'une légère incrédulité : il ouvrait de grands yeux un tantinet ahuris, il esquissait un sourire puéril et tout son corps se raidissait, si l'on ose dire, gaiement, tandis qu'il gloussait de plaisir... Il donnait alors l'impression d'être le bénéficiaire d'une *heureuse coïncidence* (la réussite du dialogue) et d'être toujours quelque peu incapable d'y croire tout à fait...

Cela ne l'enhardissait pas à prendre l'initiative d'une relation plus étroite avec autrui mais il se montrait plus détendu, plus coopératif, la durée d'un petit moment.

Pour donner quelques exemples du caractère réduit, stéréotypé et elliptique de son répertoire gestuel, signalons qu'à l'heure où son éducatrice lui demandait s'il avait faim, il n'inclinait pas la tête mais se contentait d'ouvrir la bouche et esquissait le geste de lui tendre les bras (puisqu'il mangeait sur ses genoux...); lorsqu'il n'avait plus faim, il fermait les yeux comme pour dire : « Le moment est venu de faire la sieste ou de coucher... ». Si son éducatrice lui proposait un jeu, il se contentait de l'entraîner vers son berceau, comme nous l'avons déjà signalé.

Son répertoire gestuel ne se constituait donc point d'un ensemble de réponses *directes* telles que par exemple des signes de tête (affirmatifs ou négatifs), mais il se limitait à l'esquisse des activités qu'on lui proposait ou dont il avait envie (ouvrir la bouche pour indiquer son envie de manger, fermer les yeux pour signaler son désir de sommeil, etc.). En d'autres termes, il ne s'agissait pas d'un dialogue proprement dit avec son éducatrice mais d'une relation, si nous osons nous exprimer ainsi, *au second degré,* où ne *peut* être établi le rapport *immédiat* de personne à personne.

En ce qui concernait les autres adultes, Dominique les ignorait complètement ou, d'une manière plus précise, ne paraissait point les voir; c'était comme s'ils n'existaient pas pour lui ou, plus exactement peut-être, c'était comme s'il n'existait pas vis-à-vis d'eux; il semblait se révéler incapable, si l'on ose dire, d'autre chose que de *se mettre entre parenthèses* par rapport à autrui; présent, il donnait l'impression quasi physique de ne pas l'être ou plus exactement d'être en quelque sorte à l'intérieur d'un cocon aux parois transparentes mais étanches.

Lorsqu'autrui tentait de lui imposer ou de lui proposer quoi que ce soit, Dominique, si la chose lui déplaisait vraiment trop, se mettait à pleurer, criait, s'opposait; il ne témoignait point d'une agressivité dirigée *directement* contre la personne en cause mais se contentait d'exprimer sa mauvaise humeur ou son désarroi sans viser qui que ce soit en particulier : de même que dans le cas de son *dialogue* avec son éducatrice, il ne parvenait pas, semblait-il, à nouer une relation conflictuelle *directe* avec autrui mais se limitait à une décharge agressive sans visée précise.

Son attitude à l'égard de ses compagnons de chambrée étant rigoureusement identique à celle qu'il adoptait vis-à-vis des adultes, nous ne nous y attarderons point.

Consultée sur la manière dont il vivait ses relations familiales, la grand-mère nous dressa un tableau très proche, en insistant sur le fait qu'il paraissait à l'égard de tous « toujours ailleurs, distant, étranger et sans contact réel avec aucun membre de parenté, si proche fût-elle ». Il ne semblait donc point qu'il existât entre le garçonnet et les trois personnes avec lesquelles il vivait jusqu'alors un début de dialogue semblable à celui qu'il avait noué tant bien que mal avec son éducatrice.

Avant d'approfondir notre analyse de l'observation ci-dessus brièvement rapportée, il nous paraît indispensable de brosser un tableau succinct de l'attitude des parents de Dominique telle que le médecin, le psychologue et l'éducatrice ont pu s'en faire une idée à travers les relations que chacun d'eux a nouées, au cours de plusieurs mois, avec ces parents lors de contacts (assez brefs toutefois) à l'institut médico-pédagogique et de visites (surtout en ce qui concerne le psychologue) au domicile familial du garçonnet.

Ce qui suit constitue les conclusions d'une synthèse rédigée de concert par les trois membres de l'équipe susmentionnée.

La mère, avons-nous dit, nous fut présentée comme atteinte de « dépression nerveuse » : cela expliquait aux yeux du père et de la grand-mère qu'elle ne vînt jamais voir son fils ! Toutefois, après l'avoir rencontrée chez elle à plusieurs reprises, le psychologue eut l'impression qu'elle était certes assez déprimée mais non en raison de l'infirmité du garçonnet, comme voulaient le faire croire le père et la grand-mère; il s'agissait plutôt d'une conséquence de ses relations conflictuelles — peu apparentes mais indéniables — avec son mari et sa belle-mère.

Celle-ci hébergeait son fils et sa bru, ce qui lui permettait de conserver une ascendance très considérable sur le père de Dominique; elle ne se privait guère de l'exercer à l'encontre de sa belle-fille; les conflits entre elles n'étaient point ouverts mais voilés, ce qui les rendait dans leurs conséquences, plus redoutables encore. Sans avoir l'air d'y toucher, la grand-mère tentait de « diviser pour régner », c'est-à-dire pour maintenir l'exclusivité de sa domination sur son fils; elle y arrivait sans trop de peine : le père de Dominique se prêtait d'assez bonne grâce à cette manœuvre; sa mère savait exactement de quelle manière il fallait *le prendre* et ne manquait jamais son but; lorsque son fils, quelquefois, étouffait un peu sous cette emprise, il l'évitait pendant quelques jours : représentant de commerce, souvent absent, les occasions ne lui manquaient point de *respirer un tantinet* hors du giron maternel... Ces absences, ou plutôt ces *fuites,* lui évitaient de *prendre parti,* de se laisser *coincer* entre sa mère et sa femme : il n'ignorait point les conflits latents entre elles mais il se montrait psychiquement incapable de couper définitivement le cordon ombilical et de nouer en conséquence des relations équilibrées avec sa femme : son métier lui était fondamentalement un *alibi.*

Quant à la mère de Dominique, apparemment très éprise de son mari, elle souffrait assurément d'une situation pour elle très frustrante, se sentant sans cesse pour ainsi dire en *porte-à-faux* dans la mesure où le père du garçonnet pratiquait en quelque sorte une *politique de bascule,* oscillant sans arrêt entre sa mère et sa femme et se dérobant aussitôt dès que celle-ci tentait de le mettre devant ses responsabilités; en conséquence de quoi la mère de Dominique, ne pouvant se détacher de son mari mais aigrie de la situation où il la mettait, après avoir mis beaucoup d'espoir dans sa maternité, s'était sentie plus cruellement frustrée encore dès qu'elle avait compris que son enfant, quoique toujours en son sein, ne lui appartenait plus dans la mesure où sa belle-mère en avait déjà pris, si nous osons dire, possession par son attitude générale (notamment par la manière dont elle envisageait *ouvertement* de l'éduquer), dans la mesure aussi où la future parturiente savait que son mari ne résistait déjà plus à cette *annexion* et avait dès le début pratiquement abdiqué son rôle en faveur de celle qu'il estimait être « une femme supérieure, qualifiée plus que personne pour élever un enfant »...

Dès lors, la mère de Dominique, sans nourrir évidemment une *hostilité consciente* à l'encontre du petit qu'elle portait, ne put se trouver dans les conditions psychiques requises pour l'accueillir d'une manière adéquate; bien plus, frustrée au plus haut point à l'occasion de cette maternité, elle en vint, sembla-t-il, par un transfert assez traditionnel, au niveau inconscient, à rendre son enfant responsable de cette frustration et à le rejeter en conséquence avant même qu'il fût né.

Ces mauvaises dispositions psychiques ont sans doute joué un rôle négatif à l'heure de l'accouchement très laborieux, de telle sorte que l'infirmité motrice du garçonnet découla vraisemblablement, du moins en partie, de ces conditions psychiques défavorables. Plus exactement peut-être, cette infirmité est apparue grâce à la conjonction de circonstances historiques et d'éléments psychologiques négatifs.

Quoi qu'il en soit, ainsi qu'on le comprendra sans peine, le fait que Dominique fût un infirme moteur cérébral sévèrement atteint, loin de l'améliorer, aggrava plutôt le climat familial et déséquilibra davantage encore les relations entre la mère, le père et la grand-mère.

La belle-fille de celle-ci découvrit très rapidement l'infirmité du garçonnet : « Dès le premier mois, nous déclara-t-elle, je pressentais que Dominique n'était pas normal ». Rien alors toutefois ne le laissait supposer : une telle *intuition* ne découlait-elle point d'un *souhait* de l'inconscient maternel ?

De toute évidence, l'infirmité du garçonnet fut pour la mère un motif ou plutôt un *prétexte* de « justifier » son rejet inconscient, de même qu'une raison de développer un sentiment de culpabilité pour se « punir » d'un tel rejet : c'est pourquoi, d'une part, la mère se désintéressa de l'enfant tant en ce qui concerne l'affectivité qu'en ce qui se rapporte au domaine des soins à donner (donnant ainsi libre cours à sa pulsion réjectrice), mais, d'autre part, recourut à la maladie pour simultanément se punir de son rejet et se justifier de cet abandon (« Vous comprenez, nous déclara-t-elle, mon état de santé ne me permet pas de m'occuper, *comme je le voudrais,* de Dominique, le pauvre chéri ! »).

Cette maladie ne s'identifiait d'ailleurs nullement à l'état dépressif signalé par le père et la grand-mère, comme on pourrait le croire à première vue; il s'agissait au contraire d'une affection dont l'origine se révélait essentiellement psychique, source de fantasmes (puisque l'investigation médicale n'avait découvert aucune morbidité organique) : la mère était convaincue de souffrir d'un cancer au vagin; la valeur symbolique d'une semblable localisation nous paraît significative; cette maladie fantasmatique permettait à celle qui en était la *victime* de se refuser à son mari, quelquefois, pour le *punir* de sa lâcheté et *se punir* elle-même (puisque, nous l'avons dit, elle s'en montrait fort éprise).

Quant au père, nul ne s'étonnera qu'il ait adopté une attitude de *fuite* devant l'infirmité de son garçonnet : à nouveau, sa profession lui servit d'*alibi* : « Mon travail se révèle à ce point astreignant que je ne puis guère m'occuper de Dominique, nous dit-il; j'en suis profondément blessé, mais qu'y puis-je ? ». Comme la grand-mère avait tendance, d'une manière voilée, à insinuer que sa femme était peut-être responsable de l'infirmité du garçonnet, il pratiquait une fois encore une *politique de bascule* : sans approuver une semblable assertion, il ne la repoussait pas non plus.

La grand-mère réagit, sembla-t-il, d'une manière assez ambivalente à l'infirmité de son petit-fils. La déception chez elle se révéla plus profonde que la peine dans la mesure où ses projets d'éducation (avec mainmise subséquente sur l'enfant) allaient à vau-l'eau mais en même temps elle parut s'en consoler sans trop de difficulté dans la mesure où une part secrète d'elle-même redoutait que Dominique ne la séparât de son fils en rapprochant celui-ci de sa femme. Comme d'autre part la mère ne s'occupait guère du garçonnet, la grand-mère s'en chargea (petite compensation...) jusqu'au jour où son état de santé ne le lui permit plus; dès lors, sans trop de regret, elle s'avisa de placer l'enfant...

Telle est, dans ses conclusions, la synthèse que l'éducatrice, le médecin et le psychologue ont réalisée d'après leurs contacts réguliers (surtout en ce qui nous concerne) avec la famille de Dominique.

Il nous reste maintenant à entreprendre une analyse approfondie de l'attitude du garçonnet telle que nous l'avons décrite ci-dessus en l'éclairant par notre connaissance du milieu familial.

Dès l'abord, le comportement de Dominique présenta un caractère régressif très accentué.

Cette régression apparaîtrait comme un phénomène tout à fait banal si certaines de ses modalités ne révélaient point une signification particulière que nous allons tenter de mettre en relief.

Remarquons d'abord que le garçonnet changea d'attitude peu après son entrée à l'institut médico-pédagogique : alors qu'il se montrait au début complètement replié sur lui-même, il noua peu à peu avec son éducatrice un embryon, une esquisse de dialogue, ce qui ne s'était jamais produit, selon le témoignage de la grand-mère, au sein du milieu familial.

Nous pouvons déjà en conclure que Dominique avait réussi à établir un contact plus favorable avec la puéricultrice qui en avait la responsabilité qu'avec sa propre famille et qu'en conséquence, un progrès, si minime fût-il, s'était manifesté dans son évolution psychologique; en d'autres termes, le garçonnet, s'étant *débloqué* du moins partiellement, *repartant* à zéro, reprenait à son point de départ son processus d'humanisation, tout en continuant à subir d'une manière indiscutable les effets négatifs de son blocage.

Et c'est pourquoi Dominique imposa en quelque sorte à son éducatrice l'obligation de le considérer à nouveau comme un poupon et la tâche d'exercer à son profit la thérapeutique du maternage... Cette thérapeutique ne fut point d'abord appliquée de propos délibéré mais c'est l'enfant lui-même qui nous le *demanda,* d'une manière certes toute *allusive,* et nous en démontra la nécessité.

C'est donc dans la mesure où il nous *parla* sous une forme assurément *voilée* mais cependant très *explicite* que nous fûmes amenés, après *l'avoir écouté* et décodé si nous osons dire les formes en quelque sorte *symboliques* de sa demande, à lui *répondre* en entreprenant un maternage psychothérapique.

Le mutisme dont le garçonnet ne se départit point nous sembla, dans cette perspective, revêtir une double signification : il constituait tout à la fois le *signe* de la situation antérieure de Dominique (l'abandon affectif entraînant le blocage — traditionnel (mais non obligatoire) selon notre expérience — de l'élocution) et le désir qu'il nourrissait de retrouver une phase préalable au début de l'apprentissage verbal, en vue de bénéficier d'une sécurité affective, susceptible de *relancer* son évolution psychique.

En d'autres termes, le mutisme du garçonnet nous apparut aussi bien comme une réaction au traumatisme subi que comme un désir de repartir en quelque sorte à zéro en s'identifiant derechef à un poupon vis-à-vis de son éducatrice.

Quant au caractère *indirect* du dialogue, il s'agissait, nous sembla-t-il, d'une conséquence (compréhensible) du mauvais contact préalable du garçonnet avec autrui : Dominique manquait de confiance et de *moyens* pour établir d'emblée un contact direct avec son éducatrice; il n'osait pas tenter l'expérience et préférait opérer un détour : il n'était pas encore tout à fait sûr que la jeune femme voulût nouer avec lui un dialogue stable et dépourvu d'équivoque; il n'était pas tout à fait sûr non plus qu'il se sentait, pour sa part, capable d'établir un semblable dialogue. D'où son étonnement ravi lorsqu'un tel contact s'établissait; d'où ses incertitudes et ses hésitations permanentes. D'où aussi son refus d'entrer en relation avec d'autres que son éducatrice : il n'éprouvait pas encore suffisamment de confiance en lui-même et ne jouissait pas encore d'une stabilité assez solide pour nouer un dialogue avec une personne qui n'avait pas l'habitude de le pouponner, c'est-à-dire de lui assurer la sécurité affective indispensable.

Il est, nous semble-t-il, superflu de préciser d'une manière trop détaillée la signification psychiquement très régressive de l'attitude du garçonnet dans les activités essentielles de sa vie quotidienne : nourriture, sommeil, jeux.

Qu'il nous suffise de souligner, entre autres, son goût très vif pour les bras de son éducatrice, pour la succion de ses aliments, pour une position semblable à celle du bébé au moment des repas, pour le bercement à l'heure du sommeil, pour une nourriture exclusivement sucrée et lactée : autant de préférences dont le caractère fondamentalement régressif n'échappera à personne.

Quant aux rituels stéréotypés que nous avons longuement décrits, la signification psychologique nous en paraît de même tout à fait évidente : la répétition de gestes ou de situations toujours identiques constitue pour le psychisme humain une source considérable de sécurité psychologique : retrouver, reproduire sans cesse les mêmes structures et les mêmes processus constitue un moyen efficace de combattre l'instabilité et l'angoisse résultant d'une carence psychique d'ordre affectif.

L'inconscient de Dominique le savait et ne manquait point d'y recourir.

Nous ne pouvons donner un aperçu complet de la psychothérapie entreprise au bénéfice du garçonnet.

Nous ne pourrons en présenter que certains aspects, les plus significatifs à nos yeux dans la perspective que nous avons choisie : l'étude du langage symbolique de l'enfant arriéré mental.

Du matériel psychothérapique recueilli, nous voudrions extraire deux dessins du garçonnet qu'il nous importera d'analyser brièvement.

Ces dessins datent du sixième mois de la cure lorsque Dominique demeure encore quasiment fidèle au portrait que nous venons de tracer : il conserve une attitude psychiquement très régressive, d'allure psychotique, mais réagit un peu plus qu'auparavant au maternage dont il bénéficie; cela ne l'empêche point toutefois de rester encore *sur la défensive* et de manifester ainsi une *réserve* toujours très considérable à l'égard de toute personne autre que son éducatrice.

L'on remarque une très légère évolution dans le domaine du graphisme : Dominique continue assurément à griffoner comme nous venons de le décrire mais, parfois, lorsque son angoisse permanente se fait moins vive, il répond à la question — prudemment exprimée — de la puéricultrice concernant ce qu'il a voulu représenter; sa réponse n'est évidemment point verbalisée; qui plus est, à première vue, il ne donne pas l'impression d'avoir entendu ce qui lui a été demandé, ni de vouloir satisfaire la curiosité de son éducatrice; mais son attitude (son regard par exemple posé avec plus d'insistance sur un objet dans la pièce — un jouet : maison, arbre, automobile... —) constitue une espèce de réponse que la puéricultrice saisit au vol, pourrions-nous dire; elle la verbalise alors en prenant ou en désignant l'objet en question et le corps entier du garçonnet (qu'elle a sur les genoux) acquiesce; dans l'hypothèse ou la verbalisation se révèle fautive, Dominique demeure inerte et *se ferme* dès lors sous l'emprise d'une angoisse avivée.

Venons-en aux dessins que nous voudrions analyser.

Laissons d'abord la parole à l'éducatrice :

« Il est dix heures du matin, un vendredi, avant-veille de la fête des mères. Dominique est installé sur mes genoux en train de dessiner tandis que les autres enfants (Carole et François) préparent leurs cadeaux pour dimanche prochain avec Solange, ma collègue. Dominique les voit mais prend-il conscience de leur intention ?

» Utilisant un crayon-feutre de couleur rouge, il griffonne seul après m'avoir fait comprendre, comme de coutume, qu'il fallait que je lui tienne la main pour oser entreprendre son œuvre. Il exécute, semble-t-il, une maison et pour la première fois à coup sûr, les traits dont il couvre le papier tendent à y ressembler, encore que d'une manière extrêmement vague et lointaine : deux lignes se croisant à peu près : le toit; deux lignes plus ou moins parallèles (plutôt moins que plus); une ligne qui se veut tout à la fois horizontale et perpendiculaire aux deux précédentes : le corps de la maison. Les cinq lignes se trouvent séparées les unes des autres; elles manquent d'*assurance* et de *continuité*; l'édifice qu'elles désirent, semble-t-il, constituer m'apparaît évidemment comme *très morcelé* et *disparate,* comme s'*il avait peur,* comme s'*il était incapable* de s'affirmer, de se reconnaître comme maison.

» Dominique trace ensuite un ensemble de cercles de plus en plus centrifuges à l'intérieur de ce dessin vaguement trapézoïdal puis, tout à coup, enfouit la feuille au creux de mon corsage, glousse intensément de plaisir, se raidit convulsivement, se calme enfin la tête au creux de mon épaule et le pouce en bouche. J'admire le dessin qu'il m'a incontestablement offert et me hasarde à lui tendre une autre feuille, lui proposant d'exécuter une seconde " maison " pour " la fête des mères ". Il se met docilement au travail mais refuse le crayon rouge au profit du crayon noir. Après lui avoir comme d'habitude tenu la main, je lui laisse bientôt l'initiative; les traits dont il parsème le papier se révèlent difformes, dénués de toute structure signifiante; ils constituent peu à peu un gribouillis de plus en plus agressif; la feuille en est complètement noircie et finalement trouée en plusieurs endroits; Dominique lâche enfin le crayon, se raidit violemment puis tourne la tête du côté de l'armoire où nous rangeons ce que les enfants désirent remettre à leurs parents; je me lève sans l'abandonner, ouvre le placard et dépose la feuille sur une planche; le garçonnet m'exprime son accord tandis que les signes d'une angoisse toujours plus profonde apparaissent : nausées, sueur froide, mouvements spasmodiques, symptômes dont il est coutumier; il ne se calme qu'après une demi-heure. »

Cette observation très complète en même temps que très précise nous fut présentée par l'éducatrice comme un

« procès-verbal de victoire » dans la mesure où, pour la première fois, Dominique avait esquissé vaguement la représentation graphique — encore très incorrecte d'ailleurs — d'un objet.

Toutefois, sans négliger assurément ce point de vue essentiel, il nous parut qu'il fallait avant tout saisir l'attitude du garçonnet dans sa *globalité* et que ce n'était qu'à cette condition que nous pourrions tenter d'en découvrir le sens fondamental.

Dans cette perspective, incontestablement, une profonde complémentarité existait entre les deux dessins exécutés par le garçonnet, de même qu'il fallait englober aussi, d'une part, la joie de l'enfant après la première œuvre et son angoisse intense, d'autre part, au terme de la seconde, si l'on désirait élaborer une interprétation exacte de cette petite scène.

Il nous sembla dès lors que la manière à coup sûr très différente dont Dominique avait exécuté ses deux dessins constituait à ses yeux une façon d'exprimer la *différence de qualité* existant entre ses relations avec son éducatrice et celles avec sa mère; plus exactement, il voulait sans aucun doute exprimer ainsi la *différence existentielle* de ses rapports avec l'une et avec l'autre; le dilemme archaïque « bonne-mère/mauvaise-mère » qui n'a pour objet traditionnel que la mère du poupon, visait cette fois deux personnes : la mère objectivement réjectrice et l'éducatrice « spécialiste » en maternage.

Corrélativement, la différence entre les dessins pouvait signifier, d'une part, un *appel* de Dominique à l'éducatrice, de même qu'une marque d'*amour* (« Je t'offre ce dessin que *j'ai particulièrement soigné* PARCE QUE je t'aime et POUR QUE tu m'aimes ») et, d'autre part, un témoignage de violente agressivité à l'égard de la mère, s'accompagnant d'ailleurs, en *boomerang,* d'une non moins violente culpabilité anxiogène au plus haut point, réaction inévitable et courante en pareil cas.

Qui plus est, si l'on approfondit l'analyse des dessins eux-mêmes et si l'on se souvient que le thème de la maison symbolise l'enfant en personne, le sens de l'œuvre offerte à l'éducatrice devient, nous semble-t-il, évident : il s'agit tout à la fois d'un *constat* et d'une *demande*; un *constat* dans la mesure où le garçonnet se décrit à l'éducatrice comme un être morcelé, disparate, sans structure ni point de repère bien définis, un être voué à l'incertitude et à la contradiction; un être toutefois susceptible de se construire dans la mesure où ses structures tendent à se mettre tant bien que mal en place; un *appel* en conséquence du constat, que l'on pourrait exprimer vaille que vaille ainsi : « Vois, semble dire Dominique à son éducatrice, je ne suis que *puzzle* emmêlé; mais les pièces désirent se mettre en place; veux-tu m'aider à cette mise en ordre; je m'offre à toi *par l'intermédiaire* de ce dessin *parce que* je suis encore incapable (par faiblesse et angoisse) de te le demander directement ».

L'impuissance du garçonnet, de même que son anxiété, le contraignent à utiliser le *biais* du graphisme pour répondre positivement à l'offre que l'éducatrice lui avait faite *par l'intermédiaire* du maternage, de le prendre en charge ou plus exactement de répondre à son désir d'humanisation.

Dans cette perspective, la *qualité* du dessin (fort bien perçue par la puéricultrice) apparaît tout à la fois comme un cadeau du garçonnet, comme un gage qu'il lui donne (« Je fais l'effort de bien soigner mon dessin *pour* te faire plaisir, pour te montrer qu'*avec toi* je suis capable d'en faire de beaux ») et comme la preuve d'une réduction, sinon complète, du moins partielle, des conséquences (troubles spatio-temporels) des lésions cérébrales initiales lorsque l'enfant est psychiquement bien motivé, bénéficiant d'un climat particulièrement sécurisant tel qu'une attitude comme le maternage psychothérapique peut l'établir.

L'analyse du dessin destiné à la mère nous conduit, nous semble-t-il, à des conclusions tout aussi évidentes : en dehors de l'agressivité du garçonnet déjà mentionnée, le *message* que Dominique adresse à sa mère pourrait sans doute se verbaliser ainsi : « Tu me considères, j'en ai l'impression, comme un magna contradictoire et irréductiblement embrouillé, comme un *objet mauvais* que tu ne peux que rejeter; *puisque* tu me considères comme tel, *alors* je me sens contradictoire, stérile, impuissant, je mérite d'être jeté; c'est pourquoi j'utilise le crayon noir au lieu du crayon rouge que je réserve aux dessins que j'offre à mon éducatrice, car avec toi et pour toi, je suis méchant, mauvais et nauséeux; le *puzzle* que je me sens être encore, je l'embrouille au moment où je suis en relation avec toi; et je le construis, si peu que ce soit, lorsque je me trouve en rapport avec mon éducatrice, parce qu'elle m'en donne l'occasion ».

Si notre analyse de ces deux dessins et de la manière dont Dominique les a exécutés est exacte, ce fragment — certes minuscule — du matériel psychothérapique révèle une signification en tous points analogue à celle de l'attitude du garçonnet vis-à-vis de son éducatrice peu après son entrée en institut médico-pédagogique.

De même en effet que le premier dessin constitue, nous l'avons vu, un constat en même temps qu'un appel, le comportement extrêmement régressif que Dominique adopta à l'égard de la puéricultrice qui en eut la responsabilité apparaît lui aussi, nous semble-t-il, comme une constatation qu'accompagne une demande; une constatation dans la mesure où le rôle de poupon que le garçonnet se mit à jouer signifiait à coup sûr qu'en dépit de son âge Dominique en était encore un réellement avec tout ce qu'une telle situation comportait : confusion, morcellement, activité toujours considérable des pulsions primitives... Une demande aussi dans la mesure où, souvenons-nous en, Dominique nous imposa en quelque sorte le maternage psychothérapique : son attitude régressive nous apparut comme un appel adressé à son éducatrice (« Vois, je suis un bébé, je me comporte en bébé, dès lors je te demande de m'aider à grandir, à vivre les étapes successives que parcourt le jeune enfant et dont j'ai été jusqu'à présent frustré »).

Dans cette perspective, l'attitude générale du garçonnet, dès son entrée à l'institut médico-pédagogique, constitue à nos yeux un *langage* dont le vocabulaire assurément *symbolique* mérite d'être entendu et compris.

C'est pourquoi nous avons choisi de proposer cette observation clinique à nos lecteurs dans la pensée de leur montrer grâce à cet exemple que toute attitude d'enfant *débile mental*, si archaïque qu'elle puisse apparaître, est *porteuse de signification*.

Lorsqu'il nous fut présenté en vue de son admission dans le groupe des infirmes moteurs cérébraux de notre Institut médico-pédagogique, Alain venait d'atteindre ses dix ans, dix mois.

Une première observation — tant psychologique que médicale — nous incita bientôt à penser que les troubles psychiques considérables dont il souffrait ne découlaient point exclusivement de son infirmité motrice cérébrale. La gravité de ces troubles semblait en effet disproportionnée au caractère relativement bénin de ses déficiences senso-rielles et instrumentales.

Il était atteint d'une hémiplégie légère, de type essentiel-lement spastique; elle s'accompagnait d'une précarité très profonde de l'équilibre en station debout, précarité nette-ment réduite toutefois en station assise. La marche demeu-rait autonome mais se trouvait assez gravement entravée par une contracture permanente (quoique assez légère) des muscles de la jambe gauche et par les déficiences sérieuses de l'équilibre dont nous avons déjà parlé. Ces difficultés de locomotion entraînaient une fatigue très rapide de l'enfant et nécessitaient l'usage de la poussette pour un trajet de quelque longueur.

Nous constatâmes aussi un retard assez considérable de la croissance staturale et pondérale; nous l'évaluâmes entre quatre et cinq ans : le garçonnet ne mesurait encore que 106 cm et son poids n'atteignait que 18,800 kg. En outre, une indéniable disharmonie du développement se manifestait entre, d'une part, la tête, le buste et les bras (où le retard se révélait de deux ans environ) et, d'autre part, le bassin, les organes génitaux et les jambes où ce retard atteignait cinq à six ans au minimum.

Qui plus est, un déséquilibre non moins net apparaissait dans la croissance de ses quatre membres : le bras et la jambe gauches dont l'infirmité motrice cérébrale contractait en permanence la musculature, présentaient un retard assez considérable du développement par rapport au côté droit. Le bras gauche se révélait particulièrement court et effilé en comparaison du bras droit en dépit du fait que celui-ci accusait lui-même, ainsi que nous l'avons déjà signalé, un retard indéniable de croissance.

De même, la jambe droite, bien qu'atteinte de sous-développement, se montrait plus musclée et plus longue que la jambe gauche. Celle-ci, ainsi que le bras correspondant, demeurait continuellement à demi-fléchie, en oblique vers le centre du corps de telle sorte que les orteils seuls effleuraient le sol, que les genoux se frôlaient sans cesse, tandis que le bras gauche, lui aussi en semi-flexion, ne se détachait guère de la poitrine, dans l'attitude traditionnelle du petit infirme moteur cérébral hémi-plégique.

Ce double déséquilibre dans la croissance entraînait, au niveau des vertèbres supérieures, une déviation de l'épine dorsale avec un affaissement de l'épaule gauche.

Alain, toutefois, jouissait d'une excellente santé et n'avait encore souffert d'aucune maladie dite infantile.

Néanmoins, une profonde nervosité le troublait fréquemment et perturbait gravement, d'une part, sa manière de vivre (nous y reviendrons plus loin) et, d'autre part, certaines de ses fonctions psychosomatiques, entre autres l'appétit, la digestion, le sommeil et le contrôle sphinctérien.

Lorsqu'une contrariété quelconque l'agitait (angoisse, douleur, réprimande...), son appétit, satisfaisant d'ordinaire, se métamorphosait en une profonde inappétence : il ne s'agissait point d'un refus de la nourriture mais d'une indifférence passive complète à l'égard des mets : l'enfant mangeait avec une lenteur extrême, se révélait plus malhabile encore que de coutume dans l'exercice de la manducation : prise manuelle des aliments, déglutition infantile, malpropreté; il abandonnait très rapidement son repas après avoir été saisi de nausées parfois violentes. Il absorbait en général une nourriture variée mais conservait l'habitude de prendre un biberon chocolaté, matin et soir.

En dehors de ses accès de nervosité, le garçonnet ne pouvait se plaindre de son appareil digestif. Toutefois, une paresse intestinale chronique lui ballonnait souvent l'abdomen et l'obligeait chaque jour à une longue attente sur le vase de sa chaise d'infirme.

La nervosité déjà signalée ne troublait pas seulement ses fonctions digestives; elle l'empêchait encore de s'endormir rapidement; c'est ainsi qu'il demeurait couché un couple d'heures environ avant de sombrer dans le sommeil. Celui-ci se trouvait perturbé de cauchemars fréquents : Alain se réveillait en pleurs, balbutiait un récit inintelligible de son rêve puis se rendormait toutefois sans difficulté pourvu que son père le rassurât en demeurant à son chevet.

Cette nervosité troublait encore le contrôle sphinctérien du garçonnet; il ne s'agissait pas d'énurésie proprement dite — lorsqu'il était calme, Alain ne se mouillait jamais — mais plutôt d'incontinence temporaire dès qu'une poussée d'angoisse, une souffrance ou une punition le contrariaient. Cette incontinence se produisait à intervalles irréguliers : en moyenne, une ou deux fois par semaine avec une fréquence tantôt plus considérable (cinq à six fois), tantôt plus réduite (une dizaine de jours sans accident). En conséquence, les parents d'Alain conservaient l'habitude de lui mettre une culotte en caoutchouc imperméable et de le langer pour la nuit.

Le développement intellectuel du garçonnet se présentait sous un jour beaucoup plus favorable [1]. Certes, son quotient d'intelligence se révélait difficilement mesurable comme il arrive souvent dans le cas d'un infirme moteur cérébral [2];

[1] Un contraste saisissant existait entre la croissance physique très alanguie et le niveau intellectuel normal d'Alain. L'on pourrait s'en étonner d'abord puisque le jeune infirme moteur cérébral, en raison de ses troubles psycho-moteurs, éprouve de grosses difficultés — au contraire d'un enfant valide — à explorer l'univers, proche et lointain, qui l'entoure. Dès lors, ses capacités intellectuelles demeurent plus ou moins inchoatives et l'arriération mentale apparaît quand bien même elle n'existait point au départ. Sur ce sujet, nos lecteurs pourront consulter l'article *La psychologie du petit I.M.C.* que nous avons publié dans La tribune de l'enfance, mai 1972, n° 93, pp. 50-60.

[2] Le quotient intellectuel du petit infirme moteur cérébral ne peut apparaître comme une mesure exacte et précise de son intelligence. En effet, comme l'écrit F. Robaye : « Il faut bien admettre que la tâche qui consiste à examiner un enfant I.M.C. qui cumule les troubles sensoriels, une grave atteinte motrice qui englobe les muscles de la tête, des membres inférieurs et de la phonation peut

il n'en restait pas moins vrai qu'en cette matière, les capacités du garçonnet semblaient dépasser quelque peu la moyenne de l'enfance réputée normale; tout en ne fréquentant point l'école, il avait entamé, à l'âge de sept ans, une scolarité exempte de gros soucis : une institutrice lui donnait chaque jour à domicile durant une heure une leçon de lecture, d'écriture et de calcul; il suivait le programme officiel de l'enseignement primaire et venait d'atteindre, au moment de notre examen, le C.M. 2, n'ayant ainsi en ce domaine aucun retard appréciable.

Le langage d'Alain se révélait malaisé : seule une personne accoutumée pouvait le comprendre sans difficulté notable. Dès qu'un accès de nervosité apparaissait, les déficiences élocutives du garçonnet prenaient de l'ampleur : les mots se mangeaient l'un l'autre, le discours finissait par s'interrompre brutalement — comme étouffé — pour reprendre quelques instants plus tard.

L'affectivité du garçonnet accusait un retard considérable et c'est ainsi qu'Alain apparaissait encore dans bon nombre de ses attitudes comme profondément immature.

Cette immaturité se manifestait par exemple dans la contradiction brutale que l'on remarquait entre son comportement en milieu familial et celui dont il faisait preuve lorsqu'il se trouvait isolé, séparé surtout des deux adultes (son père, sa grand-mère maternelle) auxquels il était profondément attaché.

---

exciter l'ingéniosité du psychologue mais aussi le décourager par la pauvreté des résultats auxquels on peut prétendre. » (*L'enfant au cerveau blessé*, Bruxelles, 1969, p. 138). C'est pourquoi, précise le même auteur, « l'examen psychologique d'un jeune I.M.C. est un travail difficile, délicat, de longue haleine, qui demande beaucoup d'initiative, de souplesse de la part du psychologue, beaucoup de patience comme nous l'avons déjà dit, beaucoup de modestie et une longue expérience. » (*Op. cit.*, p. 130).

Dans l'univers étroit (un cocon soigneusement clos) où il avait coutume de vivre, Alain témoignait d'une indéniable force de caractère; il manifestait un appétit de vivre qui l'encourageait à s'ouvrir sur le monde, un monde toutefois découvert, pourrions-nous dire, entre les mailles serrées d'un filtre épais, un monde entraperçu et deviné plutôt que réellement exploré.

Il n'en reste pas moins vrai que le garçonnet déployait une infatigable ténacité à vaincre les nombreux obstacles que son infirmité motrice cérébrale lui opposait. L'échec ne le rebutait ni ne le décourageait en aucune manière. En dépit de nombreuses chutes, sources de blessures parfois sérieuses — ses genoux entre autres portaient la trace permanente de multiples écorchures —, Alain s'obstinait à marcher et ne s'arrêtait que vaincu par la fatigue toujours très rapide néanmoins. Dans ce domaine, le garçonnet se montrait d'une indépendance volontiers ombrageuse : il préférait se débrouiller seul et faire preuve d'initiative personnelle plutôt que d'obéir aux suggestions et conseils de son entourage. Lorsque celui-ci lui proposait une idée, une démarche ou toute autre chose, le garçonnet se montrait en général très rétif et témoignait d'une obstination têtue dans ses nombreux refus.

Dès lors Alain se révélait peu malléable et faisait preuve, plus souvent qu'il n'eût fallu, d'une négativité très affirmée.

Néanmoins, et c'est ici que nous retrouvons le contraste dont nous avons déjà parlé, son attitude se transformait radicalement dès qu'il se trouvait isolé et séparé de son entourage familial. Toute sa volonté d'indépendance, toute sa ténacité à vaincre les obstacles s'évanouissaient alors pour faire place à une passivité absolue. Totalement inerte et silencieux, il opposait à toute sollicitation, de quelque nature qu'elle fût, accompagnée ou non de la promesse d'une récompense ou de la menace d'une sanction, le mur sans faille d'une surdité psychologique radicale devant laquelle l'on s'avouait bientôt impuissant.

Alain ne se révoltait point; il ne tentait point d'exciter — par ses pleurs ou son attitude d'infirme — la compassion; tout simplement, il n'agissait pas mais se réfugiait dans une inertie totale plus négative encore qu'une opposition violemment exprimée. Il s'abstrayait en quelque sorte du monde extérieur pour n'y laisser — oserions-nous dire — que son absence. Toutes relations se trouvaient complètement interrompues entre autrui et le garçonnet. Vis-à-vis de la réalité sociale, Alain devenait incapable, semblait-il, d'assumer sa propre existence, de s'affirmer en tant qu'être autonome et structuré en face d'un monde à ses yeux étranger, incompréhensible, hostile. Le garçonnet s'effaçait, pourrions-nous dire, devant une réalité dont il avait peur et qu'il refusait non en la niant au sens strict du terme mais en se refusant plutôt à lui-même l'existence; cette attitude n'impliquait en apparence aucun sentiment de mélancolie ou de déréliction : Alain demeurait extérieurement paisible : il n'opposait aucune résistance proprement dite aux diverses activités de quelque nature qu'elles fussent (alimentation, marche, soins corporels, etc.) qu'autrui lui proposait ou lui imposait : tout simplement, il les ignorait, il s'en échappait, il leur refusait toute signifiance, toute utilité, toute existence dans la mesure même où il s'effaçait, où il s'évadait en quelque sorte de son propre corps pour se réfugier, semblait-il, dans une inertie, une vacuité oserions-nous dire inaccessibles.

L'on comprendra dès lors aisément qu'Alain se montrait en général fort peu sociable non seulement à l'égard de tout milieu étranger mais encore vis-à-vis de son entourage familial : rappelons ici son autonomie volontiers ombrageuse, ses attitudes souvent négatives; ses parents éloignés (oncles, tantes, cousins, cousines) lui demeuraient profondément lointains; il ne manifestait à leur égard aucune hostilité caractérisée : il semblait les ignorer et en avoir peur tout à la fois, cette peur restant diffuse et peu perceptible.

Toutefois, à l'égard de son institutrice, il tempérait quelque peu son attitude asociale : sans lui être apparemment attaché, Alain se montrait en général coopératif, il aimait, semblait-il, travailler sous sa direction mais ne lui témoignait ouvertement aucune gratitude pour les trésors de patience qu'elle dépensait dans une tâche souvent ingrate et toujours difficile.

La passivité absolue du garçonnet en dehors de son milieu familial lui donnait aux yeux de quiconque ne le connaissait point ou qu'à peine l'apparence d'un petit arriéré mental d'autant plus qu'il conservait, en raison du retard considérable de son développement affectif, certaines habitudes profondément infantiles.

C'est ainsi qu'il ne pouvait encore se passer de prendre une tétine, le jour aussi bien que la nuit. Il la gardait en bouche d'une manière quasi permanente et la suçait sans vergogne dès qu'une émotion quelconque le troublait. Le soir, elle seule venait à bout de son insomnie.

Toute tentative en vue de débarrasser Alain de cette habitude demeurait vaine : le garçonnet témoignait en cette matière d'une surdité psychologique absolue : en privé aussi bien qu'en public, il réclamait sa tétine et la suçait obstinément sans qu'aucune gêne ne pût le retenir. Qui plus est, lorsqu'on agitait la menace de la lui confisquer, il se montrait à ce point anxieux que son entourage abandonnait bientôt cette intention.

Un autre signe illustrait son immaturité affective : quoique ses troubles psychomoteurs lui permettaient sans trop de difficultés de se soulager seul la vessie et les intestins, il ne prétendait point faire preuve en ce domaine d'une quelconque autonomie : un adulte devait le faire uriner, déféquer, l'asseoir sur son vase, l'essuyer comme un poupon...

Un autre signe encore de son retard affectif résidait dans l'habitude qu'il conservait de se tenir de longues heures chaque jour entre les accoudoirs d'une chaise de bébé munie du boulier-compteur, de la tablette et du vase traditionnels; il y demeurait dans la tenue du poupon, toujours déculotté, uniquement vêtu d'une brève camisole, d'une blouse et d'un bavoir. Il y lisait, y dessinait ou y rêvait sans que jamais il n'émît le désir d'en être libéré [3]. A coup sûr, il éprouvait un besoin psychologique très considérable de s'y sentir attaché (au sens propre comme au sens figuré du terme), un besoin psychologique qui découlait de son immaturité affective : les heures qu'il passait dans sa chaise de bébé et en tenue de poupon [4] apaisaient sa nervosité

---

[3] Les parents d'Alain endossaient une part de responsabilité dans l'usage prolongé de cette chaise : elle leur paraissait très utile dans la mesure où le garçonnet, dont l'équilibre se révélait fort précaire, s'y trouvait à l'abri de toutes chutes toujours très fréquentes lorsqu'il se trouvait libre de ses gestes. Une surveillance s'avérait indispensable dans ce dernier cas, elle ne pouvait empêcher un accident imprévu et interdisait à la mère tout travail ménager absorbant. Dès lors, il devenait compréhensible et inévitable qu'Alain passât de longues heures dans sa chaise, en sécurité — physique et psychologiques...

[4] Signe supplémentaire d'immaturité affective: Alain refusait d'être culotté lorsqu'il demeurait dans sa chaise : ce vêtement, pour son psychisme profond, lui ôtait, pourrions-nous dire, son statut

et diminuaient son angoisse. Il y mangeait de meilleur appétit, s'appliquait davantage à ses devoirs scolaires, y accomplissait avec moins de répugnance les exercices de kinésithérapie propres à lui assouplir la musculature de sa main gauche, consentait enfin à y uriner sans l'aide d'autrui...

En un mot, et pour nous résumer, l'usage régulier de la chaise de poupon de même que la succion tout aussi fréquente de la tétine jouaient un rôle considérable dans la volonté inconsciente d'Alain de se sentir psychiquement en sécurité afin de combattre l'angoisse d'une menace permanente de destructuration psychologique, comme nous le montrerons ci-dessous.

Malgré ses déficiences psychomotrices et ses troubles psychiques, Alain témoignait d'une aptitude quasi normale au jeu. Certes, il ne pouvait être question pour lui d'une activité ludique entraînant une dépense d'énergie considérable (il témoignait d'une fatigabilité très rapide qui lui interdisait toute action physique importante et prolongée). En outre, ses tendances asociales ne lui permettaient guère de participer aux jeux des enfants qu'il lui arrivait de côtoyer. Son attitude, à cet égard, se révélait profondément symptômatique : dès qu'un de ses cousins (plus jeunes), dès qu'une de ses voisines (l'une son aînée, l'autre sa cadette) se trouvaient en sa présence, Alain avait tendance à se fermer aussitôt, il prenait son air le plus absent, le plus niais de telle sorte qu'un contact, si ténu fût-il, devenait impossible.

Alain jouait donc en solitaire : il consacrait de longues heures à la lecture ou à se raconter des histoires à mi-voix

de bébé et lui interdisait en quelque sorte de satisfaire entièrement ses besoins régressifs...

dans sa chaise; il s'adonnait aussi très volontiers au jeu de construction lorsque, à genoux ou le plus souvent couché sur le ventre entre les barreaux d'un parc de dimensions assez vastes, il s'efforçait en dépit d'une maladresse manuelle considérable, de bâtir maison, château-fort ou tout autre monument. Il obtenait dans ce dernier jeu de très beaux résultats, à première vue surprenants en raison de ses déficiences psycho-motrices, moins inattendus toutefois si on les mettait en rapport avec son indéniable maturité intellectuelle [5].

Cette longue analyse des troubles psycho-somatiques d'Alain nous montre qu'à coup sûr son infirmité motrice cérébrale ne pouvait être tenue pour seule responsable des perturbations psychiques très importantes dont il souffrait. Elle jouait certes un rôle essentiel dans leur genèse mais une autre source (d'ordre indubitablement familial) provoquait et entretenait cette profonde immaturité affective.

Il nous fallait donc, d'une part, discerner ce qui, dans l'entourage du garçonnet, le traumatisait; d'autre part, démêler avec la plus garnde exactitude possible, l'influence précise de l'infirmité motrice cérébrale et les répercussions d'une situation familiale indéniablement perturbatrice.

Nous ne pouvions mener cette tâche à bien qu'en étudiant les relations du garçonnet et de ses proches : mère, père, grand-mère maternelle.

---

[5] C'est avec beaucoup de facilité par exemple qu'Alain lisait les plans des constructions qu'il réalisait, plans que lui proposait le manuel explicatif joint à sa boîte de cubes. Son intelligence passait ainsi très facilement de la surface au volume et commandait avec une réussite apparemment surprenante son activité manuelle pourtant très perturbée. Qui plus est, Alain imaginait certaines constructions qu'il exécutait avec autant de facilité.

Le père d'Alain, fondé de pouvoir d'une société très importante dont le siège social et les installations se situaient à cent cinquante kilomètres de son domicile, demeurait absent du lundi matin au vendredi soir.

Il ne voyait son fils que le samedi et le dimanche car il partait trop tôt le lundi matin et rentrait trop tard le vendredi soir pour s'occuper si peu que ce soit ces jours-là du garçonnet.

Alain se montrait *apparemment* très attaché à son père. Dès qu'ils se trouvaient ensemble, il ne le quittait point, le suivait partout, ne cessait de babiller, lui racontant par le menu tout ce qui s'était passé durant la semaine. Il ne voulait recevoir de soins que de son père, se montrait beaucoup moins nerveux, plus docile, moins farouche à l'égard d'autrui. Il marchait plus aisément et avec plus d'entrain, assiégeait son père de questions multiples, lui montrait avec fierté ses résultats scolaires, accomplissait pour lui en ce domaine de nombreux exercices supplémentaires.

De son côté, le père d'Alain acceptait avec patience les exigences sans cesse renouvelées de son fils, il l'écoutait avec plaisir, lui répondait de même, encourageait et récompensait les marques de sa bonne volonté. Il lui donnait aussi très volontiers les soins de la vie quotidienne : baignade, habillage, becquée au moment des repas... Il l'emmenait en promenade, le prenait dans ses bras lorsque Alain se montrait fatigué, jouait avec lui puis le veillait chaque soir jusqu'au sommeil; il apaisait son fils lorsqu'un cauchemar l'apeurait, le changeait s'il était mouillé, attendait enfin qu'il se rendormît...

Cette intimité du père et de son garçonnet s'accompagnait toutefois d'une autorité incontestable du premier sur le second; Alain respectait son père, le redoutait quelquefois et témoignait souvent d'un profond *remords* à la suite d'une remontrance paternelle.

Du lundi au vendredi, le garçonnet *ne se plaignait jamais* de l'absence de son père et ne le réclamait point : il se contentait de faire de fréquentes allusions à ce qu'il accomplirait le samedi suivant « quand papa sera là »...

La grand-mère maternelle d'Alain, directice d'école en retraite, venait passer, du lundi au vendredi, tantôt la journée entière, tantôt quelques heures.

Elle passait le plus clair de son temps à jouer avec son petit-fils : elle lui racontait des histoires, écoutait patiemment les siennes, admirait les constructions qu'il réalisait... Elle lui donnait en outre les soins coutumiers : baignade, habillage, becquée aux repas...; elle surveillait son activité scolaire, l'aidait dans la rédaction de ses devoirs et la mémorisation de ses leçons, conseillait enfin son institutrice... Lorsqu'il faisait beau, elle l'emmenait dans sa poussette en de longues promenades et répondait sans la moindre lassitude à ses questions. Le soir, c'était elle qui, prenant Alain sur ses genoux, lui donnait son biberon nocturne.

Le garçonnet lui témoignait une vive affection. A son égard, toutefois, il se révélait peu craintif et plutôt capricieux.

Le rôle que jouait la mère vis-à-vis de son fils nous apparut très rapidement beaucoup moins positif.

Certes, à coup sûr, cette femme, jeune encore, qui n'exerçait aucune activité professionnelle, aimait son enfant, au moins d'une certaine manière; elle le soignait (sur le plan matériel) avec dévouement et compétence : rien, en cette matière, ne pouvait lui être reproché.

Toutefois, les soins les mieux donnés, s'ils ne s'accompagnent pas d'une chaleur affective indéniable, laissent, si nous osons dire, l'enfant sur sa faim; les conséquences d'une semblable situation peuvent être très graves et entraver considérablement la maturité psychique de cet enfant.

Il nous parut que tel était le cas d'Alain.

Sa mère ne lui prodiguait aucune marque de tendresse; elle se contentait de le soigner, nous l'avons dit, avec une régularité indéniablement efficace mais elle accomplissait sa tâche maternelle comme un devoir auquel elle ne pouvait se dérober, c'est-à-dire qu'elle l'exécutait sans élan, sans joie, sans conviction. Elle effectuait, à l'égard de son fils, la besogne qui lui était impartie en y mettant sans doute beaucoup de conscience mais elle demeurait en quelque sorte extérieure au travail qu'elle accomplissait; elle ne s'y livrait point tout entière, sans retenue, avec cette simplicité naturelle dont témoignent le plus souvent les femmes qui assument d'une manière adéquate leur rôle maternel.

C'est pourquoi la mère d'Alain ne l'entourait pas, lorsqu'elle le soignait, de ce halo d'affection qu'expriment d'ordinaire ces gestes simples, qui vont en quelque sorte de soi, tel celui de cajoler l'enfant, de le prendre sur ses genoux, de lui sourire, d'écouter et de répondre à son babillage, d'admirer ce qu'il réalise dans ses jeux et son activité quotidienne, de l'encourager dans ses efforts en vue d'acquérir en tous domaines une autonomie toujours plus manifeste...

Sevré de ces gestes où se traduit, comme à la dérobée, la tendresse maternelle, Alain demeurait incapable de dépasser affectivement le stade du poupon et c'est pourquoi il conservait le besoin de prendre la tétine, de s'asseoir dans sa chaise de bébé, de s'obstiner à ne pas faire pipi tout seul.

Deux rêves du garçonnet nous semblent, à cet égard, profondément significatifs.

Le premier débutait ainsi : une araignée (bestiole dont Alain avait une grande terreur) se glissait sous sa chemise de nuit, descendait au creux de ses cuisses puis l'émasculait sans que l'enfant, pût esquisser le moindre geste de défense.

A première vue, un semblable cauchemar est d'ordre sexuel. Sans nier cet aspect incontestable, il importe, nous paraît-il, d'envisager une signification plus profonde. Dans cette perspective, la castration devient, pourrions-nous dire, pour l'inconscient du garçonnet, le symbole de son état d'infirme. Les déficiences que lui infligent ses lésions motrices cérébrales se traduisent par l'émasculation fantasmatique, c'est-à-dire par une atteinte fondamentale à la personnalité du garçonnet en tant que tel.

D'une manière plus profonde, cette castration constitue le signe qu'Alain se sent en quelque sorte incapable d'assumer sa propre existence vis-à-vis du monde extérieur, incapable de se situer, de se poser, de s'opposer par rapport à la société. L'inconscient du garçonnet exprime, grâce au fantasme de l'émasculation, sa conviction d'être globalement et fondamentalement impuissant face à autrui [6].

En fait, si l'on se rappelle que l'araignée symbolise la mère castratrice, ce cauchemar indique en toute clarté qu'Alain se sent, se croit agressé au travers de ses relations très peu gratifiantes avec le personnage maternel. Il n'est pas reconnu en tant que garçon par celui-ci. Il est déviri-

---

[6] A première vue, la sexualité génitale d'Alain demeurait très inchoative : il ne connaissait, semblait-il, point la masturbation mais recherchait, ainsi que nous l'avons déjà signalé, un plaisir érotique d'ordre essentiellement archaïque; en fait, il ne semblait point avoir dépassé le stade buccal de l'érotisme infantile; sa sexualité ne s'était point encore focalisée réellement sur ses organes génitaux (d'ailleurs très peu développés : verge minuscule, testicules non-descendus) mais demeurait diffuse, ayant encore trait au corps tout entier, comme nous le verrons ci-dessous.

lisé et perd par là même son identité : il n'est plus un sujet capable d'être un pôle de dialogue, mais un objet, sans visage pourrions-nous dire, sans existence propre ou plus exactement dont le statut personnel est lié à une négation radicale imposée par une figure maternelle fantasmatiquement phallique.

Ainsi donc, c'est dans la mesure où la mère, au-delà d'une indifférence elle-même dissimulée sous une vigilance indéniablement superficielle, refuse de reconnaître à son fils son statut propre et le rejette inconsciemment parce qu'il lui rappelle (ainsi que nous le verrons bientôt) quelqu'un d'*autre* qu'il lui est interdit d'aimer, c'est dans cette mesure que l'émasculation rêvée d'Alain acquiert une dimension symbolique et constitue le moyen grâce auquel l'inconscient du garçonnet exprime son incapacité de se reconnaître comme personne autonome, sa mère ne l'ayant pas reconnu comme tel d'abord.

Le second rêve qu'Alain a coutume de faire se déroule ainsi : le garçonnet, entièrement nu, se trouve seul sur une plage déserte. Il fait froid; le sable le blesse. La mer, toujours plus démontée, se rapproche du petit tertre où il grelotte, apeuré. Les vagues l'entourent bientôt complètement; elles le submergent enfin mais il ne coule pas; elles le bercent au contraire à la surface de leurs eaux creusées; il éprouve dès lors un profond plaisir à flotter et se réchauffe peu à peu.

Il est sans doute inutile de rappeler à nos lecteurs que la mer et ses vagues constituent pour le psychisme humain le symbole de la période fœtale : comme s'il était au sein de la mer, l'enfant est immergé dans la matrice que la démarche maternelle berce plus ou moins régulièrement.

La signification de ce deuxième rêve nous paraît évidente : l'inconscient d'Alain désire retrouver le bonheur béat dont il jouissait, fœtus, dans le ventre de sa mère; il veut en quelque sorte régresser, être à nouveau repris par les vagues qui l'ont auparavant jeté et abandonné sur le sable inhospitalier d'une plage déserte et glaciale; il aspire, en d'autres termes, à redevenir un fœtus[7], invisible au monde extérieur[8], blotti dans la chaleur profondément sécurisante de la matrice maternelle.

Ce deuxième rêve complète le premier dans la mesure où, partant lui aussi d'une situation très frustrante où le garçonnet s'éprouve comme radicalement démuni devant un monde vécu comme particulièrement hostile, il exprime l'aspiration fondamentale de l'inconscient d'Alain : régresser afin de retrouver la quiétude protectrice initiale du sein maternel, cette régression étant considérée comme la réaction inéluctable et exclusive à laquelle le garçonnet est contraint s'il veut échapper à la désintégration psychique complète.

La mère apparaît donc encore comme fondamentalement présente au cœur de ce deuxième rêve sous un aspect toujours très primitif : les deux phases d'un tel songe illustrent fantasmatiquement, nous semble-t-il, l'ambivalence, le dilemme « bonne-mère / mauvaise mère » tel que le jeune enfant l'éprouve. L'inconscient d'Alain continue à le vivre dans la mesure où ses relations avec l'image

---

[7] Le mouvement des vagues qui, dans son rêve, se rapprochent du garçonnet symbolisent, pourrions-nous dire, une mise au monde à l'*envers* dans la mesure où ce mouvement, au niveau fantasmatique, exprime la sensation que le fœtus éprouve lorsqu'il subit le processus de la naissance.

[8] Ceci explique pourquoi le garçonnet ne témoigne d'aucune hostilité apparente à l'égard d'autrui; au contraire, avons-nous vu, il s'absente du monde extérieur, il le nie en se niant lui-même, il tente de s'effacer, de se rendre invisible...

maternelle apparaissent comme profondément négatives sinon tout à fait conflictuelles.

Dans cette perspective, à la question de savoir pourquoi l'attitude maternelle empêche le garçonnet d'assumer sa propre existence, il ne faut point répondre, nous semble-t-il, en incriminant l'infirmité motrice cérébrale d'Alain en tant que source réelle du rejet par la mère. Tout au plus pourrions-nous dire que cette infirmité en constitue l'occasion ou le prétexte dans la mesure où, d'une part, notre connaissance de la mère et, d'autre part, le contenu symbolique du premier rêve d'Alain nous renseignent sur l'inconscient maternel.

Cette jeune femme en effet, « veuve de son père à treize ans » comme elle nous le déclara en un *lapsus linguae* particulièrement significatif, connut une mère qui, vis-à-vis d'un époux fondamentalement bonace, se montra autoritaire et frigide. Sa fille dès lors ne put se forger une image maternelle et parternelle réellement satisfaisante, susceptible de lui permettre une identification équilibrée à son propre sexe; elle ne parvient pas à dépasser le conflit œdipien et se montra en conséquence dans sa vie conjugale aussi frigide que sa mère tandis qu'elle ne pouvait accepter le sexe masculin de son enfant dans la mesure où, d'une part, tout comme sa génitrice, elle n'acceptait point au niveau inconscient sa condition féminine, ayant toujours la nostalgie du phallus, et, d'autre part, elle voyait, par le processus traditionnel de projection, la figure paternelle dans son fils, cette figure que la crainte de l'inceste l'empêchait d'aimer et qui, grâce au phénomène d'identification, lui interdisait à son tour d'aimer Alain, une telle identification étant facilitée par la similitude et la corrélation entre la faiblesse psychique de son père et la faiblesse motrice de son fils; dans cette perspective, comme nous l'avons déjà souligné, l'infirmité motrice cérébrale d'Alain ne constituait plus l'origine et la source de l'attitude maternelle réjectrice mais en devenait plutôt l'*occasion* ou la condition, oserions-nous dire, *favorable*.

En d'autres termes, nous n'en doutons pas, ce garçonnet, à supposer qu'il fût valide, eût souffert tout de même de troubles psychologiques sérieux mais ils auraient revêtu, nous paraît-il, sans l'infirmité motrice cérébrale d'Alain, un caractère beaucoup moins dramatique et préoccupant.

Dans cette perspective, le garçonnet connaît le sort peu enviable d'être en quelque sorte doublement handicapé, de souffrir d'un ensemble de troubles somato-psychiques qui, en s'additionnant, s'aggravent les uns les autres en un espèce de cercle vicieux, troubles aux origines multiples qui rendent l'avenir de cet enfant d'autant plus sombre que l'action thérapeutique visant à combattre l'influence nocive des relations d'Alain et de sa mère se trouve entravée sur le plan psychosomatique par les conséquences de l'infirmité motrice cérébrale et d'autre part que les soins donnés en vue de réduire les séquelles de cette infirmité motrice cérébrale voient leurs résultats limités par les troubles psychiques découlant des rapports du garçonnet et de sa mère.

Telle était la situation, tel était le problème auquel nous étions confrontés lorsque le garçonnet fut admis en institut médico-pédagogique.

La demande de placement nous vint du pédiatre d'Alain qui estimait, d'une part, « qu'aucune mesure éducative en vue de réduire les séquelles de l'infirmité motrice cérébrale ne pouvait être efficace si l'enfant demeurait en famille » et, d'autre part, « que l'immaturité affective d'Alain exigeait qu'on le traitât sinon " à la dure " du moins avec énergie, pour le viriliser ». Les parents reprirent ces motifs à leur compte lorsqu'ils effectuèrent les démarches en vue de l'admission du garçonnet en institut-médico-pédagogique.

La mère, soulagée au fond, dissimulait cependant assez mal aux yeux d'un observateur quelque peu averti une culpabilité suffisamment intense pour se révéler très agressivement récriminatrice à l'égard de l'assistante sociale qu'elle rencontra à plusieurs reprises.

Le père, souffrant d'une profonde blessure narcissique dans la mesure où l'infirmité motrice cérébrale d'Alain altérait gravement son image et son identification masculines, admettait d'une part assez mal la séparation car il devinait ce qu'elle aurait tout de même de douloureux pour lui-même et son fils mais s'y était résolu toutefois afin qu'elle pût constituer un baume pour sa blessure narcissique inconsciente. Il n'échappait évidemment point lui non plus à la culpabilité quoique celle-ci prit un chemin indirect mais d'autant plus significatif pour se manifester : il devint, nous confia-t-il plus tard, impuissant : punition pour s'être révélé incapable d'engendrer un fils « complet » (disait-il) et de n'avoir pu, ensuite, en « faire un homme », devant, pour ce faire, le confier à d'autres.

Après avoir quelque peu hésité (les relations d'Alain et de son père nous *semblaient* bonnes, nous redoutions que la séparation ne vienne les troubler, *de part et d'autre*), nous décidâmes d'accueillir Alain dans l'espoir qu'une psychothérapie pourrait améliorer notablement l'intégration progressive du moi de l'enfant. Simultanément, nous proposâmes aux parents une série d'entretiens réguliers « sur les difficultés que rencontraient le père et la mère d'un petit infirme moteur cérébral ».

Le garçonnet nous fut amené, en fin d'après-midi, par son père. Sa mère ne l'accompagnait point. L'enfant qui connaissait déjà certains bâtiments de l'institut médico-pédagogique, ne manifesta aucune angoisse apparente tout au long des ultimes formalités d'inscription. Au moment du départ paternel, le menton d'Alain se contracta dans une esquisse de sanglot mais il ne pleura point et demeura tranquille, le nez contre la vitre, jusqu'à ce que l'automobile de son père disparut au détour de la route.

Dès qu'il se retrouva seul dans le hall de l'institut, il s'approcha sans mot dire de la porte du bureau où je me tenais immobile; je lui offris alors de « venir dessiner » près de moi : il accepta tout de suite, apparemment satisfait de retrouver, sitôt le départ de son père, une relation masculine qui pouvait lui apparaître à ce moment comme une figure paternelle de substitution ou comme un tuteur susceptible de l'aider à supporter, en son début, l'absence paternelle.

Alain se mit donc à dessiner en silence : une maison d'abord, une « famille *qui n'existe pas* » ensuite...

Il est, nous semble-t-il, intéressant d'analyser ces deux œuvres.

La première représente en réalité deux maisons jumelées, très hautes, très étroites et aux toits pointus. On n'y voit ni portes, ni fenêtres, ni cheminées mais seulement deux silhouettes — une grande, une petite — dépourvues de bras, de bouche, d'yeux, de nez et de cheveux, placées au centre de chacune des deux maisons; elles se trouvent séparées par un trait désignant le mur mitoyen. La couleur utilisée est le noir et le garçonnet agrémente son dessin du commentaire suivant : « C'est un monsieur et un petit garçon ! » Je lui demande alors s'ils se connaissent; Alain me regarde, hausse d'abord une épaule puis baisse le nez sur sa feuille : « On est voisin » me dit-il enfin dans un souffle !

La signification de ce dessin nous paraît évidente : la duplication de la maison, la double silhouette désignent sans nul doute Alain et la figure paternelle; celle-ci nous paraît évoquer tout à la fois le père naturel du garçonnet et son substitut actuel, c'est-à-dire moi-même. L'aspect inachevé des silhouettes de même que la séparation par l'intermédiaire du mur mitoyen expriment, d'une part, l'*ambivalence* de la figure paternelle et, d'autre part, l'ambiguïté de la situation d'Alain par rapport à cette figure paternelle : l'ambivalence dans la mesure où le garçonnet éprouve le père naturel comme un bon modèle mais un modèle *absent*, dans la mesure où il me vit comme un modèle paternel *présent* mais un modèle de substitution dont il n'a pas encore expérimenté toute la solidité; ambiguïté dans la mesure où Alain se voit séparé de son père, privé de ses points d'appui et de référence mais découvre un substitut de telle sorte qu'il se sent tout à la fois isolé et soutenu, isolé par rapport à son père naturel et au caractère substitutif de celui qui n'est qu'un remplaçant; soutenu à la pensée que son père, quoique absent, l'aime toujours et qu'en outre la figure paternelle auxiliaire lui fournit actuellement le support dont il a besoin. Ce qu'il résume par son commentaire (« Un monsieur et un petit garçon ») et sa réponse (« *On* est voisin ») à la question de savoir s'ils se connaissent; la première phrase souligne l'isolement où se trouve Alain et par suite son défaut d'identité; la seconde exprime un aspect moins négatif de la situation où il est dans la mesure où le voisinage implique la proximité et la possibilité *éventuelle* de contact.

En résumé, par l'intermédiaire de ce dessin, le garçonnet traduit d'abord ce qu'il vit actuellement et me demande ensuite, d'une manière certes voilée mais, semble-t-il, indéniable, d'accepter de jouer à son avantage le rôle de figure paternelle supplétive.

La seconde œuvre, « une famille qui n'existe pas », c'est-à-dire une famille *inventée*, présente de gauche à droite en exécution successive, un garçonnet, une maman, tournés l'un vers l'autre, un papa très à l'écart dont les bras s'orientent dans la direction opposée à celle des deux premiers personnages. Ceux-ci, dessinés très sommairement, sont dépourvus de bras; les cheveux du petit garçon lui dévorent la figure (séparée du corps) tandis que le nez maternel, énorme et pointu, envahit quasi entièrement le visage. Par contre, la silhouette du père, exécutée avec plus de soin, offre un aspect beaucoup plus équilibré quoique très sommaire encore.

Le caractère brouillé du graphisme représentant le garçonnet et sa mère évoque, nous paraît-il, l'ambivalence de leurs relations, une ambivalence où le côté négatif et conflictuel l'emporte néanmoins; le nez, imposant et pointu dont s'orne le visage maternel symbolise à coup sûr le phallus fantasmatique dont l'inconscient d'Alain pourvoit sa mère; nous retrouvons ici, d'une part, un exemple du caractère encore très prégénital du garçonnet et, d'autre part, une marque de refus par la mère de sa condition féminine, hantée qu'elle demeure inconsciemment par le désir hallucinatoire du pénis masculin.

L'aspect prégénital du psychisme d'Alain est encore souligné, d'une part, grâce à l'éloignement du père qui se détourne du groupe mère-enfant et, d'autre part, grâce au caractère sinon fusionnel du moins très étroit qui unit le garçonnet au personnage maternel. Le soin qui préside à l'exécution du père symbolise sans nul doute le désir qu'éprouve Alain à échapper à la relation duelle, un désir toujours frustré, d'où la distance qui le sépare graphiquement du père, d'où la mère située entre eux, véritable barrière. Quant au fait que la silhouette paternelle se détourne de la mère et de l'enfant, sans doute doit-on y voir d'abord une expression de la situation actuelle, c'est-à-dire l'abandon (ressenti comme tel tout au moins) du garçonnet par son père et ensuite un signe que l'inconscient d'Alain a découvert la blessure narcissique de son géniteur, blessure donnant au père la tentation de se détourner du garçonnet, une créature « incomplète » (dit-il, souvenons-nous-en) ou « ratée » (comme nous le déclarera ensuite l'enfant lui-même).

Lorsqu'il eut terminé ce dessin, Alain se mit à frétiller des jambes en portant les doigts à sa braguette. A ma question, il reconnut tout de suite qu'il avait besoin de faire pipi. Je lui indiquai les toilettes mais il me prit la main. Je lui demandai alors s'il était vraiment nécessaire que je l'y conduise. Il ne me répondit pas mais baissa la tête sans me lâcher. Je l'y emmenai donc et voulus d'abord rester à l'extérieur devant la porte mais il me fit comprendre aussitôt qu'il me voulait près de lui; « Fais-moi faire comme l'autre fois » me dit-il alors à voix basse. (Lors d'un examen précédent, je m'étais vu contraint de le faire uriner comme un poupon...) Comprenant qu'il subissait encore l'influence de ce qu'il avait éprouvé lorsqu'il exécutait le second dessin (castration maternelle, éloignement paternel) et qu'il ressentait dès lors le besoin de la présence toute proche de son *père supplétif*, capable de lui donner à nouveau (en le touchant) le pénis dont il se sentait fantasmatiquement privé, j'acquiesçai à sa demande [9].

Revenu à mon bureau, Alain saisit une nouvelle feuille et exécuta un troisième dessin : « Une maman et son petit garçon », m'expliqua-t-il.

[9] Les relations d'Alain et de son père étaient, en fait, moins équilibrées que nous ne le pensions d'abord : une caractéristique *homosexuelle* se dévoila peu à peu...

Le groupe mère-enfant, en tout point identique à celui de l'œuvre précédente, s'accompagnait cette fois d'une automobile.

Le garçonnet, lorsqu'il l'eut achevé, en fit spontanément le commentaire : « Le petit garçon veut traverser la rue pour rejoindre son papa qu'on ne voit pas mais il va se faire tuer car maman avait défendu qu'il traverse parce qu'il arrivait une voiture. »

Le sens de cette brève histoire nous paraît clair : il s'agit à nouveau de l'impossibilité pour Alain d'échapper à la relation duelle, castratrice et dépersonnalisante. Lorsqu'il enfreint l'interdit, c'est la mort. Le père, de l'*autre* côté de la rue et *absent* du dessin, constitue l'*inaccessible*, celui dont la mère défend l'approche à un double titre [10] : elle refuse qu'Alain, par l'intermédiaire de son identification au père, acquière la dimension masculine et n'admet pas que le garçonnet puisse devenir un *rival*, auprès d'elle, du père : nous avons ici, très nette, une allusion à la situation œdipienne, sans doute présente déjà dans le second dessin; plus précisément, ce n'est plus la mère qui, par son attitude, constitue une barrière pour le garçonnet vis-à-vis de son père, c'est l'inconscient d'Alain qui cette fois institue sa mère comme barrage à sa rivalité avec le père et c'est pourquoi sans doute aussi l'enfant a-t-il senti le besoin, lorsqu'il m'a demandé de lui faire faire pipi, de permettre au substitut paternel que j'étais alors pour lui de constater que son pénis ne pouvait encore rivaliser avec le mien, d'une part, et de m'en rendre maître, d'autre part, en le saisissant, afin qu'ainsi je lui donne l'autorisation de faire pipi, c'est-à-dire, souvenons-nous-en, de lui rendre son

[10] Ce père, celui dont Alain *se défend aussi* et vers lequel il se sent *attiré* malgré tout.

pénis après m'être assuré, en tant que substitut paternel, qu'il ne pouvait être objet de rivalité vis-à-vis de la mère [11].

Comme l'heure s'avançait, je résolus, sitôt ce troisième dessin achevé, d'introduire le garçonnet auprès de son éducatrice et de ses nouveaux petits camarades.

Ceux-ci goûtaient alors quelques minutes de détente avant la toilette et le repas du soir. Alain ne parut pas plus intimidé qu'il le fallait lorsque la jeune femme qui désormais allait veiller sur lui lui souhaita la bienvenue et le présenta aux enfants du groupe; ses compagnons qu'une telle présentation laissait apparemment indifférents dans la mesure où elle leur était assez familière, l'accueillirent sans phrases, se réservant de le jauger peu à peu, au long des premières semaines de son séjour à l'institut...

Tandis que l'éducatrice commençait à doucher les enfants, je demeurai près d'Alain, sagement assis à la table commune, une voiture entre les mains. Je fus bientôt accaparé par d'autres garçons puis m'en allai, en promettant au garçonnet de revenir pour le repas.

Ce que je fis. A mon habitude, je mangeai avec les enfants, Alain en face de moi. Il se débrouilla seul assez proprement, avec appétit, sans traîner.

Après une brève veillée sans histoire, le garçonnet fut saisi soudain de violentes nausées au moment où l'éducatrice lui enjoignait de se rendre aux toilettes. Ces nausées disparurent toutefois dès qu'elle l'eut installé sur le vase. Couché, silencieux et tranquille, Alain reçut et rendit le baiser traditionnel avant l'extinction des feux; il ne protesta point lorsque l'éducatrice refusa de lui donner sa tétine, une

---

[11] Dans la suite, cette scène nous parut *ambiguë* : tentative d'Alain de reproduire avec nous ses relations à coloration homosexuelle.

tétine qu'elle avait cru bon de lui confisquer (« Tu es trop grand, voyons ! ... ») au moment où, l'ayant (en mon absence) tirée de la poche de sa culotte, il se disposait à la mettre en bouche.

Quelques minutes se passèrent ensuite dans le calme de telle sorte que nous allions quitter le dortoir lorsqu'Alain eut une nouvelle crise de nausées. Le garçonnet en quelques secondes vomit la moitié de son repas sur sa brassière et ses couvertures tandis qu'une abondante sueur le mouillait entièrement.

Cette crise se prolonge durant une dizaine de minutes après quoi l'éducatrice le débarbouilla, le changea et lui fit boire un verre d'eau.

Cette accalmie fut de courte durée : une nouvelle crise éclata bientôt, aussi violente que la première; elle ne s'accompagna point cette fois de vomissements mais Alain, le visage écarlate, le corps secoué de spasmes, fut bientôt à court d'haleine. Tandis que l'éducatrice entreprenait de calmer les autres enfants que les crises du garçonnet troublaient évidemment, j'emmenai Alain dans la salle de jeu et le pris sur mes genoux en silence. Je l'entourai d'une couverture car je craignais qu'il eût froid, uniquement vêtu d'une courte brassière selon la coutume de cet institut (afin que la garde de nuit pût les mettre plus rapidement sur le pot sans devoir les déculotter dans la pénombre, ce qui n'allait jamais sans quelque lenteur pour les enfants gravement handicapés). Il se détendit peu à peu tandis que nous conservions tous deux le silence. C'est alors que son regard se tourna avec une insistance toujours plus considérable, vers l'angle d'un placard; sans mot dire, je m'y rendis, l'ayant à califourchon autour de mes hanches; il ouvrit un tiroir; j'aperçus une tétine, la sienne à coup sûr... « Prends-la » dis-je simplement... Dix minutes après, l'éducatrice l'allongeait, profondément endormi, sous ses couvertures... Il passa une nuit très calme.

Dans les jours qui suivirent, avant qu'une psychothérapie pût être entreprise, une régression psycho-somatique très grave se déclencha chez le garçonnet.

Elle prit une telle ampleur que nous décidâmes de transférer l'enfant dans une section spéciale dite « d'observation » où demeuraient durant quelques semaines, en attente, les enfants qui, pour diverses raisons, éprouvaient quelques difficultés d'adaptation à l'institut médico-pédagogique.

En quatre ou cinq jours, cette régression psycho-physiologique atteignit tous les domaines et les perturba profondément.

L'incontinence du garçonnet qui n'apparaissait auparavant qu'en période de troubles affectifs graves se transforma en énurésie permanente, diurne aussi bien que nocturne. Alain qui, nous l'avons dit précédemment, n'était langé qu'à l'heure de la promenade ou à l'occasion d'un déplacement plus long qu'à l'ordinaire, dut désormais l'être en permanence et suivre quant aux soins d'hygiène le régime du poupon.

Une profonde anorexie se déclara : le garçonnet se mit à manger de moins en moins, à souffrir de nausées (même à jeun) dont les crises, régulières autant que violentes, l'épuisaient. Les vomissements se multiplièrent, surtout à l'heure de la mise au lit. Les calmants anti-nauséeux qu'on lui administra à doses de plus en plus massives n'eurent jamais qu'un effet temporaire de plus en plus réduit.

A table, Alain devint toujours plus malpropre, renversant son verre, heurtant sans cesse son assiette, se maculant sans retenue, bavant et retrouvant une déglutition puérile; il perdit de plus en plus l'usage du couteau et de la fourchette : il fallut bientôt le nourrir à la becquée non sans peine.

Le garçonnet se réfugia peu à peu dans un mutisme qui, au bout de quelques jours, eut un caractère absolu. N'interpellant plus personne, il ne répondit plus à rien et témoigna bientôt d'une surdité psychique complète.

Ce mutisme radical s'accompagna d'une peur exacerbée d'un grand nombre d'objets vivants ou inanimés : mouches, moustiques, guêpes, araignées, chiens; meubles plongés dans la pénombre, lames de couteau, dents de fourchette, chambre déserte, couloir obscur, porte fermée.

Taciturne, il s'enfonça toujours davantage dans une existence purement végétative sans plus d'ouverture sur le monde extérieur; ses relations avec ses petits camarades se raréfièrent peu à peu pour devenir enfin complètement nulles; Alain semblait les ignorer et subissait d'une manière apparemment indifférente, sans riposter, les horions ou les moqueries que l'un ou l'autre lui adressait quelquefois.

Complètement sourd aux invitations de l'éducatrice à participer aux jeux collectifs, il perdit très rapidement toute initiative dans l'activité ludique individuelle, se désintéressant peu à peu de la lecture, du dessin et de ses cubes, auparavant ses distractions favorites.

Une telle attitude le fit aboutir à une passivité complète que l'éducatrice, en dépit d'une patience inaltérable et d'une imagination fertile, s'avoua bientôt incapable de rompre.

C'est ainsi qu'elle ne put désormais l'empêcher, sans recourir aux réprimandes ou aux sanctions, de se réfugier dans un coin de la salle de séjour et de s'asseoir entre les bras d'un fauteuil. Il s'y balançait ensuite interminablement, la tétine en bouche (elle seule calmait ses nausées, l'éducatrice dès lors la tolérait...) après s'être, d'une main plus que malhabile, déculotté, retrouvant de la sorte l'attitude qu'il avait dans sa chaise de poupon, attitude que nous avons brièvement analysée, et qu'il recherchait sans cesse, obstinément, seule exception à son apathie fondamentale.

Celle-ci eut une répercussion très dommageable sur son activité motrice, spécialement la marche, devenue fort rapidement hésitante, chaotique, incontrôlée. Alain connut un nombre de chutes de plus en plus considérable : à peine finalement effectuait-il quelques pas qu'il se mettait à tomber presque aussitôt. Etendu sur le sol, en proie à une crise de sanglots, il ne tentait aucun effort en vue de se relever mais attendait inerte que l'on vînt à son aide. Toujours alors, l'éducatrice se voyait dans l'obligation de le changer : la peur lui avait mouillé sa culotte...

Il aboutit à ne plus se déplacer qu'avec l'aide d'un ambulateur; emprisonné dans le cadre de celui-ci, soutenu par un harnai de courroies, il se mit à marcher très péniblement au prix d'une grande fatigue. Bientôt toutefois, il devint incapable non seulement d'effectuer quelques pas mais encore de se tenir debout : il en fut réduit à ne plus quitter la chaise percée que l'éducatrice s'était vue finalement contrainte d'utiliser.

Une semblable régression, en matière scolaire, se déclara : en quelques jours, Alain ne sut plus ni lire, ni écrire, ni calculer; il en arriva à se montrer incapable de manipuler correctement un crayon.

En résumé, le garçonnet, inerte et mutique, ne témoignait d'aucune agressivité, ne parlait jamais de ses parents, ne les réclamait point et montrait même une profonde indifférence lorsque l'éducatrice y faisait allusion devant lui. En un certain sens, il paraissait les avoir complètement oubliés.

La dégradation psycho-somatique se révélait à ce point considérable qu'elle semblait devoir mener le garçonnet sinon à la mort du moins à un état de déliquescence très prononcé : personne ne doutait que sous peu, Alain deviendrait grabataire.

Cette évolution régressive, dont l'ampleur et la rapidité nous étonnèrent, exigeait, d'une part, qu'on en comprît le sens et, d'autre part, qu'on y portât remède sans tergiverser.

Elle nous parut signifier, en une première approximation, qu'Alain, ayant perdu le cadre familial protecteur auquel il était accoutumé depuis sa naissance, succombait à une violente poussée d'angoisse devant un monde étranger et nouveau, c'est-à-dire d'autant plus hostile et dangereux; le garçonnet, dès lors, se devait de régresser au stade le plus infantile, celui-ci de poupon, d'une part, et ne pouvait que s'enfermer en lui-même, rejetant tout ce que ce monde extérieur pouvait lui apporter (dans cette perspective, les vomissements ont une valeur symbolique) afin de se protéger, d'autre part.

En une seconde approximation, il devenait plausible que le garçonnet, en adoptant une semblable attitude régressive, espérait inconsciemment être à plus ou moins brève échéance rendu à sa famille.

Plus profondément, toutefois, il nous parut que cette dégradation psycho-somatique radicale révélait une tendance suicidaire incontestable encore que sans doute inconsciente. Dans cette perspective, Alain, vivant son séjour à l'institut médico-pédagogique comme le résultat d'un abandon par le milieu familial et *essentiellement* par son *père*, s'éprouvait désormais lui-même comme un *mauvais objet*, une *méchante créature,* en une réaction beaucoup plus courante qu'on ne l'imagine à première vue (« Si mes parents m'abandonnent, c'est parce que j'ai fait quelque chose de mal, c'est parce que je suis un mauvais enfant... »). Et c'est pourquoi sans doute il vomissait, même quand il n'avait ingurgité aucune nourriture : il *se* vomissait en quelque sorte lui-même...

Mais il nous sembla aussi qu'une telle régression n'était point exclusivement négative peut-être et qu'elle pouvait s'interpréter comme un *appel* du garçonnet, un appel certes inconscient mais d'autant plus indéniable sans doute. Alain, dont la carence affective se révélait considérable, cherchait à y remédier et tentait d'attirer l'attention des deux adultes qui désormais l'avaient pris en charge : l'éducatrice et le psychothérapeute, dans l'espoir qu'ils pourraient, grâce à leur disponibilité et leur compréhension, l'aider à s'intégrer lui-même, à se reconnaître en tant que sujet autonome dans la mesure où eux-mêmes le reconnaissaient d'abord comme tel. Cette attitude régressive pouvait apparaître dès lors comme une invitation au dialogue, comme un appel à l'aide en même temps qu'elle indiquait à quel niveau primitif, archaïque et fondamental il fallait que l'éducatrice et le psychothérapeute situent leur réponse, commencent leur travail de secours. En fait, Alain leur demandait, au travers de cette démarche radicalement régressive, de *le mettre au monde* une seconde fois, de *l'engendrer* sinon physiquement du moins psychiquement : il n'était encore qu'un objet indifférencié et mauvais; ils pouvaient, pourquoi pas ?, faire en sorte qu'il devienne un sujet personnalisé et bon.

Cette dernière interprétation de l'attitude régressive du garçonnet, sans infirmer les précédentes — la complexité psychologique de l'être humain autorise une semblable multiplicité de sens — reçut à nos yeux une confirmation au moment où se produisit un petit fait fort significatif, nous parut-il : un soir, Alain s'éveilla en sursaut, sans doute sous l'effet d'un cauchemar; il se mit à pleurer, troublant ainsi le sommeil de ses compagnons. L'éducatrice le prit dans ses bras et l'emmena aussitôt à la salle des soins pour l'y changer (quoique l'heure ne fut point tardive, il avait déjà fait pipi). Elle l'assit ensuite sur ses genoux et s'efforça, en le berçant, de l'apaiser. C'est alors qu'il se suspendit à son cou, en un geste rapide autant qu'imprévu; il s'y accrocha jusqu'au moment où le sommeil le saisit tout à coup, ce qui ne lui était jamais arrivé auparavant en de semblables circonstances.

Une psychothérapie fut dès lors entreprise, essentiellement fondée sur un maternage intensif, en *réponse* à la *demande* d'Alain, certes *symboliquement* exprimée mais d'autant plus évidente à nos yeux qu'elle venait d'être confirmée par le geste du garçonnet que nous venons de décrire.

Les résultats, quoique longs à venir, ne nous déçurent point.

OBS. N° 6 - PATRICE B...

Patrice allait avoir huit ans lorsque nous nous rencontrâmes pour la première fois.

Pupille de l'Assistance Publique, il séjournait alors depuis deux ans en institut médico-pédagogique; retiré dès son plus jeune âge à ses parents reconnus incapables de lui assurer un milieu familial stable et équilibré, il avait d'abord vécu en nourrice jusqu'au moment où certaines difficultés apparues à l'école maternelle l'avaient fait ranger parmi les arriérés mentaux légers et avaient entraîné son placement en internat de rééducation.

Lorsque nous le connûmes, il suivait une classe d'initiation au Cours Préparatoire où ses résultats demeuraient plutôt médiocres; il en était au stade de la prélecture, réussissait à tracer les différentes lettres suivant leurs modèles mais commettait encore beaucoup d'erreurs lorsqu'il écrivait sans copier; il connaissait les nombres jusqu'à dix mais ne savait pas toujours très bien comment les écrire et ne les identifiait qu'avec difficulté; leur valeur respective lui demeurait plus ou moins obscure de telle sorte qu'il lui arrivait souvent encore de les intervertir. Les nombres jusqu'à vingt lui étaient connus mais d'une manière très lacunaire. L'élocution laissait, elle aussi, beaucoup à désirer; le vocabulaire qu'il utilisait se révélait fort pauvre tandis que la construction syntaxique s'avérait très défectueuse. Son organisation spatio-temporelle témoignait, elle aussi, de lacunes considérables.

Vis-à-vis de son éducatrice, il se montrait assez attaché mais nullement accapareur, il se tenait volontiers près d'elle mais non sur ses genoux, il lui parlait beaucoup, lui offrait des cadeaux tous les jours, lui faisait partager son dessert; tout en répugnant ainsi au contact trop étroit (par peur inconsciente de la mère *dévoratrice*), il essayait cependant par ces petits dons sans cesse renouvelés de capter son attention afin qu'elle fût persuadée qu'il l'*aimait bien* et qu'elle lui assurât en retour le soutien affectif dont il avait le plus grand besoin.

A l'égard de ses compagnons, il jouait assez volontiers le rôle d'entraîneur, d'organisateur de jeux. La manière dont il s'y prenait se révélait empreinte d'une habileté indéniable de même que d'une adresse remarquable; elle ne témoignait d'aucune agressivité à l'encontre de ses camarades. Ce rôle de chef revêtait à ses yeux une valeur compensatoire importante : il l'aidait à s'estimer lui-même, à s'apprécier, à s'accepter alors que d'autres éléments de son histoire tendaient au contraire à l'agresser considérablement et à lui faire croire qu'il se trouvait aussi démuni que *mauvais,* donnant lieu à un intense sentiment de culpabilité.

Lorsqu'on le réprimandait, il trépignait aussitôt, se retirait dans son coin, se vengeait sur les meubles qu'il maltraitait violemment, pleurait puis obéissait ou cédait toutefois assez rapidement. Cette attitude, très caractéristique, se révélait au fond en harmonie, pourrions-nous dire, avec son immaturité affective considérable. C'est pourquoi il ne témoignait d'aucune rancune mais ne tenait compte des observations que dans l'immédiat.

Dès que nous lui proposâmes de « venir dessiner avec nous », il se montra enthousiaste et nous donna spontanément la main, sans plus nous lâcher, jusqu'au bureau; dans la suite, il conserva cette attitude, nous saisissant les doigts et s'y accrochant dès que nous quittions une pièce : souci d'être « protégé » et de « nous accaparer » dans le labyrinthe des couloirs symbolisant en quelque sorte à ses yeux le monde extérieur où il se sentait perdu et délaissé.

Nous le plaçâmes d'abord en face de nous, de l'autre côté de la table mais peu après, en silence, il laissa la chaise vide, se tint un moment debout tout en travaillant puis il saisit un siège le long du mur tout proche et l'installa près du nôtre. Il s'y assit durant un moment puis l'abandonna pour demeurer debout appuyé à notre chaise. Il termina enfin l'examen, lové sur nos genoux...

Les dessins qu'il exécuta nous paraissent suffisamment significatifs pour que nous les analysions brièvement.

Le premier d'entre-eux, une maison, se présente d'une manière très schématique; l'on n'y distingue aucune fenêtre mais une porte à double battant, la poignée étant indiquée. Le bâtiment se situe au creux d'un cirque de montagnes très hautes mais seulement esquissées. Spontanément, Patrice dessine devant la maison une famille d'ours : le père, la mère, l'enfant — en ordre de tailles décroissantes —; il y ajoute un énorme pot de miel largement ouvert. Les griffes des ours se trouvent nettement tracées, en pattes d'araignée.

L'absence de fenêtres, remarquons-le d'abord, indique que le garçonnet se sent tout à la fois peu ouvert au monde extérieur qu'il redoute et dont il se protège, et emprisonné, pour ainsi dire, en lui-même, incapable de nouer un contact stable et régulier avec autrui qu'il redoute et recherche en même temps — telle est, sans nul doute, la signification de la double-porte.

Le fait que la maison se situe dans un creux nous paraît revêtir divers sens complémentaires, à nos yeux, plutôt qu'opposés.

Disons d'abord que nous y décelons l'expression d'une inhibition, d'un repli sur soi caractérisé que nous avons déjà découverts, en même temps que d'un profond désir de protection, de recouvrer la chaleur affective d'un nid et le refuge d'un enclos. En d'autres termes, Patrice désire inconsciemment goûter à nouveau la quiétude réconfortante du sein maternel. Mais il veut en même temps ne point s'y sentir enfermé; il redoute d'y être étouffé (c'est pourquoi il maintient une certaine distance entre son éducatrice et lui-même tout en s'efforçant néanmoins de s'en faire aimer).

La présence d'une famille d'ours — ajout, répétons-le, spontané — possède, nous semble-t-il, une signification psychologique ambivalente.

D'une part, il ne fait aucun doute que le garçonnet identifie le milieu familial tel qu'il l'expérimente aux parents ours tandis qu'il se projette lui-même dans l'ourson.

Or, remarquons-le, cet animal apparaît le plus souvent sous le double caractère de férocité et de bonhomie. Dès lors, ne peut-on en déduire que Patrice se vit lui-même et considère les relations qu'il noue avec autrui dans une perspective ambivalente de conflit et d'entente ? Les griffes nettement indiquées ne traduisent-elles pas l'aspect agressif de ces relations tandis que leur graphisme en pattes d'araignée n'évoque-t-il pas, d'une certaine manière, le côté quelque peu tentaculaire du personnage maternel vécu encore comme très archaïque, ainsi que nous l'avons déjà signalé ?

L'ambivalence du milieu familial tel que le garçonnet l'éprouve ne peut nous étonner lorsque nous est révélée la complexité de ses relations en ce domaine.

Examinons-les brièvement.

Souvenons-nous d'abord que Patrice conserve certains contacts avec sa famille naturelle qui habite un village peu éloigné du bourg où vit son foyer nourricier.

Nous rencontrons ici une première source de l'ambivalence de l'image familiale ci-dessus indiquée dans la mesure où le garçonnet expérimente une « mauvaise » famille (en conséquence de quoi il en a été retiré) et une « bonne » famille (qui l'a recueilli); ambivalence qui se retrouve d'ailleurs par rapport au foyer nourricier lui-même dans la mesure où celui-ci, aux yeux de Patrice, demeure tout de même *étranger* en dépit de sa « bonté » et n'est point du même sang que le garçonnet.

Précisons encore que ce foyer se compose d'une veuve assez âgée, la nourrice officielle de l'enfant, de sa fille, de son gendre (qui travaille à Lyon et y séjourne toute la semaine). Son fils, un jeune homme d'environ vingt-cinq ans, vivait à la ferme avec sa mère et sa sœur jusqu'au moment où il fut accidentellement tué.

La fille a donné le jour, l'été dernier, à une fillette.

La constitution de ce foyer telle que nous venons de la résumer nous paraît être une troisième source de l'ambivalence familiale où se trouve le garçonnet dans la mesure où nous découvrons une dualité indéniable entre la nourrice officielle, âgée, et sa propre fille par rapport à Patrice. Aux yeux du garçonnet, cette fille *pourrait* être sa mère beaucoup plus facilement, pourrions-nous dire, que sa nourrice officielle dans la mesure où l'âge de la première lui permettrait, de toute évidence, d'avoir un petit garçon en tous points semblable à Patrice tandis que la seconde, tout aussi indéniablement, pourrait beaucoup moins y prétendre. Signalons d'ailleurs, dès à présent (avant d'y revenir plus longuement ci-dessous), que la naissance du bébé (déjà indiquée) a retenti profondément sur le psychisme de Patrice et lui est apparue comme une manifestation probante de la fonction maternelle de la jeune femme.

Au surplus, l'absence très fréquente du gendre, à quoi s'est ajoutée récemment la mort accidentelle du fils de sa nourrice officielle (mort qui, elle aussi, a considérablement impressionné le garçonnet), constitue une source supplémentaire de trouble pour Patrice dans la mesure où elle le prive quasi totalement d'image paternelle, provoquant ainsi un profond déséquilibre et perturbant en conséquence les points de repère de l'enfant : celui-ci, au plan du vécu, finit par ne plus savoir qui est sa mère, qui est son père et, partant, qui il est lui-même; il investit des fonctions maternelle et paternelle tantôt l'un, tantôt l'autre des adultes qui composent son entourage, aussi bien au foyer nourricier qu'à l'institut médico-pédagogique; de cette instabilité profonde et de cette ambiguïté indéniable du rôle parental découle une conséquence qui aggrave encore les troubles du garçonnet, quant au milieu familial, et ruine un peu plus ses points de repère : Patrice, en effet, sait fort bien, d'une part, que les adultes qu'il investit du rôle parental ne sont point ses parents *stricto sensu* et, d'autre part, que ses père et mère naturels ne sont pas en harmonie avec ce qu'il serait en droit d'attendre d'eux; cette carence d'identité entre les personnes et les rôles qu'elles jouent ou devaient jouer fait en sorte que les fonctions parentales apparaissent au garçonnet comme fondamentalement ambivalentes, sinon mêmes ambiguës, dans la mesure où Patrice, n'ayant qu'une expérience très limitée de ces fonctions dont il ne bénéficie guère en fait, se révèle incapable d'en percevoir aussi bien la valeur que l'utilité et non seulement ne trouve mais encore ne *cherche* même pas en elles un point d'appui susceptible de lui fournir les références indispensables en vue de se reconnaître lui-même après s'être situé par rapport au monde extérieur qui ne serait plus dès lors ressenti comme ambivalent.

L'absence masculine, au foyer nourricier autant qu'à l'institut médico-pédagogique avant notre arrivée, entraîne, nous semble-t-il, une autre conséquence tout aussi dommageable pour l'évolution psychique du garçonnet : celui-ci, en effet, dans la mesure où il n'est en contact quasi exclusif qu'avec des femmes, dans la mesure où il lui est très difficile en conséquence d'expérimenter la triade œdipienne et de l'intégrer, y réagit en réactivant inconsciemment ses fantasmes les plus archaïques, ceux d'une mère primitive, étouffante et dévoratrice en même temps qu'agressive et fondamentalement absente, mère dès lors radicalement ambivalente, « bonne » mais *étrangère,* réelle mais « mauvaise », nourrice officielle mais psychiquement peu investie, support de l'image maternelle mais sans aucun titre à ce rôle.

Cette profonde ambivalence du personnage de la mère, découlant au moins de façon partielle de l'absence quasi complète du pôle paternel, explique, nous semble-t-il, répétons-le, cette mise à distance indéniable qu'effectue le garçonnet vis-à-vis de son éducatrice.

Mais revenons au dessin que nous étions en train d'analyser.

L'énorme pot de miel, largement ouvert, que nous y apercevons évoque de toute évidence, faut-il le dire, l'importance considérable de la nourriture, source de vie, pour l'inconscient de Patrice en même temps, remarquons-le, qu'il s'agit d'un aliment *doux,* semi-liquide, analogue à la nourriture que l'on donne d'ordinaire aux jeunes enfants; dans le choix de cette substance nutritive, ne pouvons-nous voir l'expression, symboliquement manifestée, du désir inconscient de Patrice de retrouver en quelque sorte son « statut », sinon de bébé, du moins de jeune enfant en vue de jouir d'une protection affective accrue, semblable à celle dont on a coutume, du moins en principe, d'entourer les poupons ?

Passons au dessin de l'arbre.

Celui-ci se présente sans feuilles, avec quelques rares fruits; l'un est en train de tomber, l'autre gît sur le sol. Tandis que les proportions de l'ensemble se révèle assez harmonieuses, le graphisme des branches apparaît comme très schématique et fort stéréotypé.

Ce dernier point évoque un retard dans la maturité intellectuelle de même qu'une non moins indéniable inhibition, une incapacité de tirer profit de ses propres virtualités. Par contre, l'heureuse proportion de la silhouette générale nous incite à croire que Patrice, en quelque sorte, n'a pas dit son dernier mot et qu'il demeure capable, à condition qu'il ait la possibilité de *se faire écouter* en un dialogue *chaleureux,* de structurer son psychisme d'une manière équilibrée.

Cet arbre terminé, Patrice prend une initiative : « Je vais te dessiner Mamie » (son éducatrice), nous dit-il. Avant de se mettre à l'œuvre, il nous regarde, quémandant notre approbation que nous lui donnons aussitôt, bien entendu. Il commence par tracer la silhouette d'un petit garçon : « C'est moi », précise-t-il tout de suite. Après quoi, il dessine son éducatrice légèrement plus grande et tournée vers lui. Il parachève ensuite son portrait et le commente : « Je suis armé d'un révolver et de huit cartouches », nous dit-il. A notre question « Que fait Mamie » ? « Elle parle », nous répondit-il. Il enserre enfin les deux personnages entre d'énormes grillages disposés en haut et en bas de la feuille. Il nous la tend ensuite, ce qu'il n'avait pas fait pour les deux premières, et en profite pour se rapprocher de notre siège.

Commençons notre commentaire par ce qui nous paraît le plus évident : la signification des grillages; celle-ci, à nos yeux, se révèle double : d'une part, Patrice se sent emprisonné, pour ainsi dire, à l'institut médico-pédagogique. Il supporte mal, même s'il ne le manifeste guère, les contraintes inévitables de l'internat de même que le régime « égalitaire » d'une semblable institution quant à ses besoins affectifs : il souffre de n'être point *privilégié* en ce domaine et s'efforce, souvenons-nous-en, de capter l'attention de son éducatrice par de menus cadeaux quotidiens.

La présence de ces grillages, toutefois, possède encore, nous semble-t-il, une autre signification : ne pouvons-nous y voir l'expression symbolique grâce à laquelle le garçonnet traduit le sentiment qu'il éprouve d'être emprisonné dans la dyade qui l'unit au personnage maternel que représente à ses yeux, d'une certaine manière, l'éducatrice. Cette sensation d'être enfermé, d'être limité, dans ses contacts, au pôle féminin s'exacerbe, à coup sûr, dans la mesure où, souvenons-nous-en, Patrice, aussi bien à l'institut médico-pédagogique qu'à son foyer nourricier, n'a pratiquement jamais l'occasion de rencontrer une figure paternelle mais se trouve sans cesse quasi exclusivement confronté au pôle féminin.

Il nous faut maintenant tenter de découvrir la raison pour laquelle Patrice est armé, comme il nous le déclare lui-même, « d'un révolver et de huit cartouches » !

Il nous paraît d'abord que cette arme à feu et ces munitions jouent, fantasmatiquement, un rôle nettement défensif et compensatoire dans la mesure où le garçonnet éprouve ses relations avec autrui sur le mode conflictuel, dans la mesure où il se sent agressé et démuni face à un monde extérieur devant lequel il a l'impression de ne pas « faire le poids ». Dans cette perspective, l'arme dont il garnit sa ceinture peut apparaître, nous semble-t-il, comme une façon d'exprimer symboliquement sa propre agressivité (nous savons qu'il témoigne d'un tempérament plutôt colérique) en réponse à ce qu'il croit être l'hostilité d'autrui.

Enfin, il n'est pas douteux, pensons-nous, que le révolver et ses munitions traduisent fantasmatiquement une affirmation phallique incontestable — réaction défensive et compensatoire devant la menace de castration que représente l'entourage quasi exclusivement féminin de Patrice.

Celui-ci, notons-le encore, s'est représenté sous l'aspect d'une silhouette plutôt mal affermie sur ses jambes et légèrement inclinée dans la direction de son éducatrice.

La signification d'une semblable silhouette nous paraît évidente : ne pouvons-nous en effet voir dans son caractère en quelque sorte déglingué et nettement fragile en tout cas l'expression symbolique du fait que Patrice ne se sent guère structuré, qu'il manque de points de repère et qu'il jouit d'une identité personnelle aussi confuse que précaire ? De même, ne s'éprouve-t-il pas comme radicalement démuni — donc instable et en quelque sorte aveugle — devant un monde extérieur fondamentalement ressenti comme ambigu et conflictuel ?

Quant au fait qu'il s'incline dans la direction de son éducatrice qui se tourne, notons-le, vers lui, ne pouvons-nous y reconnaître l'évocation du désir inconscient de Patrice — désir dont nous avons déjà remarqué l'expression — d'être pris affectivement en charge, pourrions-nous dire, par sa *mamie* ?

Ce désir nettement affirmé, quoique d'une manière assez allusive, aussi bien dans son attitude quotidienne que dans ses dessins, d'une part, et la crainte qu'il éprouve, non moins réelle, non moins vive, d'être en quelque sorte castré au sein de la dyade qu'il constitue avec le personnage maternel fantasmatiquement vécu sur un mode très archaïque, d'autre part, font en sorte, par leur contradiction même, d'accroître encore l'ambivalence où se débat Patrice, ce qui contribue à brouiller un peu plus les points de repère du garçonnet.

Il nous reste à voir pourquoi Patrice a pris tout à coup l'initative de nous proposer un semblable dessin et de nous le présenter ensuite alors que, répétons-le, il n'avait rien fait de tel auparavant pour ses deux premières œuvres.

Ne voulait-il pas, de cette manière, nous exprimer ainsi, quoique d'une façon assurément allusive, la situation où il se trouvait ou, plus exactement peut-être, telle qu'il la *vivait*, dans le but, à coup sûr, de nous mettre au courant ? En adoptant une semblable attitude, ne voulait-il pas nous inviter — certes très discrètement et avec, pourrions-nous dire, beaucoup de pudeur — à lui venir en aide, à constituer au bénéfice de son psychisme profond un pôle masculin à résonance indéniablement paternelle susceptible de lui fournir les points d'appui et de référence indispensables, en vue de lui permettre de rompre la relation duelle où son entourage jusqu'alors quasi exclusivement féminin le maintenait emprisonné et constituait aux yeux, si nous osons dire, de son inconscient une menace considérable de castration au moins fantasmatique ?

Nous acceptâmes son dessin sans commentaire tout en le remerciant néanmoins car il avait aussitôt ajouté : « C'est

pour toi » avec une pointe de supplication inquiète dans la
voix comme s'il désirait, par cette précision verbale, mettre
en quelque sorte les points sur les i et comme s'il craignait
que son *message* nous demeurât incompréhensible ou se
heurtât à un refus de notre part.

Tranquillisé par nos remerciements, il prit une nouvelle
initiative : « Je vais te dessiner papa, maman et Florence »,
nous dit-il.

Il se mit au travail et nous découvrîmes bientôt qu'il
s'agissait, non de sa famille naturelle, mais de son foyer
nourricier.

Il commença, de la gauche à la droite, par le papa, souriant et les mains dans les poches, puis il traça la maman,
à l'autre extrémité de la feuille, oubliant la bouche et les
doigts; il indiqua ensuite Patrice à côté du papa et tout
aussi souriant puis il repartit vers la droite et y dessina
Florence toute proche de la maman et dépourvue comme
elle de bouche, l'une et l'autre vêtues en garçons. Il acheva
enfin son œuvre en esquissant la silhouette d'un petit chien
aux pieds de la maman, la gueule tournée vers Florence et
Patrice.

Ce dessin, tout autant que les premiers, nous paraît profondément significatif. Il se révèle à nos yeux complémentaire du deuxième et constitue, nous semble-t-il, pour l'inconscient de Patrice, le second volet du *message* qu'il vient
d'entreprendre de nous transmettre. Après nous avoir
exposé sa situation aussi bien vis-à-vis du personnage maternel qu'à l'égard de l'institut médico-pédagogique, après
avoir constaté que nous comprenions ce qu'il nous commu-
niquait et que nous acceptions, en fait, de jouer le rôle
paternel qu'il nous demandait (nous ne l'avions certes point
verbalement exprimé mais la *manière* dont nous l'avions
remercié lui avait assurément paru de bon augure !) il s'en-

hardit dès lors à nous dévoiler, de façon tout aussi allusive, la nature des rapports qu'il entretenait avec chacun des membres de son foyer nourricier. C'était, en quelque sorte, pour son inconscient une manière de renouveler, d'appuyer sa demande initiale en nous indiquant avec une netteté apparemment indéniable que le papa de ce foyer n'était pas tel qu'il devait être en tant que pôle masculin et paternel, en tant que point d'appui et de référence, en tant que modèle d'identification pour le garçonnet. Ne le voyons-nous pas en effet, cet homme, les mains dans les poches, en retrait par rapport aux autres personnages et placé presque en dehors de la feuille ?

Quant à la maman, présente à l'opposé de la page, elle se révèle très éloignée de Patrice, ce qui est sans doute pour le garçonnet une manière d'exprimer tout à la fois l'éloignement affectif où elle se tient par rapport à lui, la propre crainte de Patrice devant une relation trop exclusivement duelle entre elle et lui [1], l'ambiguïté de ce personnage maternel qui n'est point, en fait, la nourrice officielle du garçonnet mais la fille de cette femme. L'amputation des doigts va dans le même sens de rapports ambigus, sinon difficiles.

Quant à l'absence de bouche, elle nous paraît encore plus significative dans la mesure où nous la remarquons aussi bien chez la maman que chez Florence, la petite fille qu'elle vient de mettre au monde; Patrice escamote un organe dont le rôle se révèle essentiel dans les premiers mois de la vie d'un bébé, organe de nutrition et de succion, dont on sait l'importance psychologique fondamentale. Si Patrice le sco-

---

[1] La cainte d'une relation duelle trop intime avec la mère, découlant de l'absence du pôle paternel, n'est évidemment point en contradiction avec une carence maternelle d'ordre affectif : il s'agit de deux phénomènes différents ne se situant pas à un même niveau.

tomise, c'est parce que, de toute évidence, cet élément corporel lui tient encore, pourrions-nous dire, inconsciemment beaucoup à cœur, que sa libido investit toujours considérablement ses pulsions archaïques relatives à l'allaitement et à la succion et qu'au fond, il désire, sans se l'avouer à lui-même, que la jeune femme lui donne le sein comme elle le fait pour Florence, son bébé. Il n'est pas douteux, en effet (d'autres éléments, que nous citerons ci-dessous, le confirment), que Patrice s'identifie au poupon et qu'il voudrait, en un mot, prendre sa place. Mais il sait évidemment que cela n'est pas possible et c'est pourquoi il scotomise un organe, support d'un désir qui lui est en quelque sorte interdit. C'est pourquoi, de même, il place le bébé entre la maman et lui, Florence lui barrant ainsi la route du sein, et affuble la petite chienne de mamelles protubérantes à l'excès, projetant sur cet animal les organes de lactation de la jeune femme qu'il s'interdit de considérer.

Les va-et-vient de la gauche à la droite et vice-versa qu'il a effectués sans cesse au cours de l'exécution de ce dessin, oscillant comme un pendule du pôle masculin au pôle féminin, d'une extrémité à l'autre de la feuille pour terminer au centre de la page, en traçant les silhouettes du bébé et de la chienne, nous paraissent indiquer tout à la fois son incertitude indéniable quant à ses points d'appui et de référence, et la puissance toujours très forte de ses pulsions primitives, de type essentiellement oral.

C'est en nous abstenant encore de commentaires que nous prîmes possession de ce dessin, nous contentant de l'admirer brièvement et de remercier tout aussi succinctement son auteur. Toutefois, comme Patrice se tenait depuis un moment collé à notre chaise et qu'il glissait de plus en plus, mine de rien, vers nos genoux, nous l'y installâmes en silence sans plus le faire languir. Il y chercha d'abord la meilleure position, soupira d'aise et nous dit ensuite, tournant vers nous un visage au regard très sérieux en même temps que tout à fait convaincu, « Je vais te dessiner une belle histoire » !

Le garçonnet commença par tracer une ferme, un jardin et deux énormes marguerites. Il nous déclara alors : « C'est la maison de maman. Il fait nuit (tout en parlant, Patrice dessine la lune). Une marguerite dit à l'autre : « Je veux quitter le jardin. » La seconde lui répond que cela est défendu parce que c'est la nuit et qu'il faut dormir. Dans le jardin habite une petite coccinelle (le garçonnet esquisse la bestiole). La porte de la ferme est ouverte; un voleur apparaît sur le seuil; il veut tuer la petite coccinelle. (Patrice dessine le voleur, son fusil et la trajectoire de la balle...) Mais d'autres coccinelles, dans les montagnes toutes proches (le garçonnet les esquisse à grands traits puis indique les bestioles) attaquent et tuent le voleur. Mais un autre bandit, de l'intérieur de la maison, riposte... La première coccinelle défend alors ses compagnes... ».

Patrice se tait ensuite; il met de l'herbe à droite et à gauche, renforce les traits représentant la trajectoire des balles... puis enchaîne tout à coup, ayant abandonné son crayon : « ... J'ai vu les voleurs, je les ai chassés avec des cailloux. Mais ils ont volé des culottes... Oui, ils ont volé des culottes... Oui... des culottes... » Il se met à rêver à haute voix, le regard perdu, et répète à plusieurs reprises « Ils ont volé des culottes... Oui, des culottes... »

Cette double histoire, à charnière, pourrions-nous dire, ne doit pas, nous semble-t-il, être considérée comme négligeable en raison de ses extravagances apparentes. Elle peut certes nous étonner à première vue dans la mesure où la situation qu'elle nous décrit défie la vraisemblance : ne met-elle point en scène des voleurs *à l'intérieur* d'une maison et *sortant* sur le seuil pour tuer une coccinelle; après quoi, l'on assiste à une bataille entre bandits et bestioles, bataille dont on ne connaît point l'issue... pour enchaîner presque aussitôt sur une autre histoire de vol où Patrice joue le rôle d'un chasseur de voleurs qui n'en emportent pas moins des culottes « oui... des culottes » !

Il s'agit, à n'en pas douter, d'un rêve éveillé et, comme tel, il importe que nous en isolions chaque élément afin d'en entreprendre l'analyse.

Intéressons-nous d'abord à la ferme (« la maison de maman ») et au dialogue des deux marguerites.

Ne pourrions-nous voir en ces fleurs un dédoublement de Patrice lui-même, tiraillé entre son désir profond de « quitter le jardin » et la défense qui lui en est faite « parce que c'est la nuit et qu'il faut dormir » ? N'est-ce point une nouvelle expression de sa crainte (viscérale, oserions-nous dire) d'une relation trop étroite avec le personnage maternel dans la mesure où il veut fuir la « maison de maman » ? Dès lors, la présence des voleurs *à l'intérieur* de la ferme perd son aspect invraisemblable pour devenir en quelque sorte l'expression symbolique du pôle féminin qui *capture* le garçonnet, l'accapare et lui dérobe, pourrions-nous dire, sa virilité — nouvelle manifestation de l'angoisse de castration que nous avons déjà rencontrée précédemment. En conséquence, ne pouvons-nous voir dans l'arme à feu des voleurs et dans l'intention de ceux-ci de tuer la coccinelle (deuxième identification, sans nul doute, de Patrice) la traduction symbolique du phallus maternel tel que le jeune enfant le fantasme, phallus castrateur et par là-même angoissant ?

Notons que l'issue de ce conflit entre le personnage maternel, vécu comme abusif, et le psychisme du garçonnet demeure incertaine car Patrice ne sait pas encore s'il pourra ou non sauvegarder son identité virile. C'est pourquoi sans doute il nous raconte cette histoire pour nous faire comprendre, même s'il ne l'exprime pas en termes clairs, qu'il est en quelque sorte en danger de perdre ses références masculines et qu'il compte dès lors sur nous pour lui assurer les points d'appui et de référence susceptibles de lui permettre de se reconnaître homme.

En conséquence, si notre analyse s'avère exacte, cette histoire perd son aspect apparamment bizarre et s'insère, au contraire, d'une façon très significative dans l'ensemble des *messages* que l'inconscient de Patrice nous transmet. Elle éclaire ceux qui la précèdent tandis qu'elle-même trouve un sens à la lumière de ceux-ci.

Au surplus, le récit concernant le vol des culottes acquiert à son tour une signification précise et perd ainsi son caractère apparemment délirant.

Si nous analysons en effet ce que symbolise pour l'inconscient du garçonnet un tel vêtement, nous découvrons qu'il constitue en quelque sorte le signe, pour celui qui en met, qu'il est un garçon, c'est-à-dire un être humain dans son *intégrité* inaltérée (le sexe masculin, aux yeux de l'homme, est vécu comme un symbole de sa complétude...). Dès lors, lorsque les voleurs emportent des culottes, c'est fantasmatiquement une partie de l'*intégrité* de Patrice qu'ils lui dérobent en même temps. Le garçonnet résiste, il les met en fuite à coups de cailloux mais il a soin de préciser que le vol est réussi et qu'il se sent, en fait, tout de même castré. Comme il n'est pas douteux, en outre, que les voleurs de culottes s'identifient pour l'inconscient de Patrice à ceux de la première histoire, qui occupent, souvenons-nous en, la « maison de maman » et qui symbolisent le personnage maternel vécu comme abusif et castrateur, nous pouvons, nous semble-t-il, en déduire que ce deuxième récit possède une signification comparable : il constitue une manière tout à la fois identique et plus claire à coup sûr d'exprimer l'angoisse devant une castration présentée cette fois comme *réussie* (au moins provisoirement ou partiellement dans la mesure où Patrice conserve malgré tout la force *virile* de mettre les voleurs en fuite à coups de cailloux). L'aspect *relatif* de cette castration laisse donc *un peu d'espoir,* tout n'est pas perdu et le garçonnet en indiquant ce caractère *partiel* y voit sans doute une demande implicite qu'il nous adresse afin que nous l'aidions à recouvrer son intégrité masculine...[2].

Ce côté relatif de la castration, dans la mesure même de son caractère partiel, pourrait toutefois, nous semble-t-il, revêtir une signification complémentaire encore qu'apparemment opposée à celle que nous venons d'émettre.

Il importe en effet à nos yeux de nous interroger sur le sens symbolique pour le psychisme de l'enfant de l'absence de culotte, c'est-à-dire, en fait, d'être déculotté, ou, plus exactement peut-être, de se trouver *nu.*

Remarquons tout d'abord que le jeune enfant affiche une certaine prédilection pour la nudité ; c'est, de toute évidence, à ses yeux, une manière de se révéler tel qu'il est au regard d'autrui, de se faire reconnaître en tant que tel par son

---

2 Nous avons, à tout hasard, fait une enquête à l'institut médico-pédagogique : aucun vol ne s'était produit au moment où Patrice nous racontait son histoire de voleurs de culottes... Toutefois, à cette époque, une de ses éducatrices, tandis qu'elle préparait le linge des enfants, avait coutume de se plaindre du « manque de culotte » ! Indubitablement, l'inconscient de Patrice avait fantasmé sur cette réflexion habituelle ! Cela n'enlève rien, nous semble-t-il, à l'exactitude de notre interprétation dans la mesure où il est bien entendu que l'inconscient n'invente rien à proprement parler mais qu'il *choisit* dans la réalité qui l'entoure les éléments — si ténus qu'ils puissent être parfois — susceptibles de lui donner l'occasion ou le prétexte de fantasmer dans la ligne de son propre désir.

entourage et d'affirmer, en d'autres termes, son identité aussi bien par rapport à lui-même que vis-à-vis du groupe où il vit.

Dans une perspective analogue et plus précisément peut-être, l'absence de culotte — le fait de se trouver ou de se fantasmer déculotté — peut symboliquement exprimer le désir inconscient de revenir au stade de la prime enfance où le bébé ne portait pas encore de culotte, trop petit pour en mettre une en tant que telle; ce désir, en fait, est celui d'une régression à l'une des étapes primitives de l'évolution de l'enfant, étape où celui-ci doit être particulièrement protégé, entouré, soutenu. Dès lors, il semble que nous pouvons en conclure qu'un tel désir traduit chez l'enfant un profond besoin de chaleur affective, d'autant plus fort qu'en ce qui concerne le garçonnet dont nous nous occupons la carence se révèle considérable en ce domaine [3].

Mais le symbolisme de la nudité chez le petit de l'homme ne se limite pas, nous semble-t-il, à ce que nous venons d'en dire.

Pour l'inconscient puéril, en effet, être tout nu (ou fantasmer de l'être) apparaît comme un appel de l'enfant à être habillé, c'est-à-dire à être protégé, entouré, soigné par sa mère ou celle qui en tient psychologiquement lieu; c'est aussi l'expression symbolique de la « pauvreté » totale, de la dépendance radicale de l'enfant vis-à-vis de sa mère et du monde extérieur.

Dès lors, pour Patrice, nous semble-t-il, le vol des culottes peut revêtir une double signification : une menace d'abord de castration, ainsi que nous l'avons montré plus haut, mais aussi un désir de régresser à un stade archaïque,

[3] La signification *érotique* des rêves de nudité telle que Freud l'exprime, ne contredit point notre interprétation : l'une et l'autre sont complémentaires...

de retrouver le statut de poupon dans la mesure où celui-ci (au moins, théoriquement) implique, de la part des adultes une vigilance attentive, une chaleur affective considérables.

Un jeu favori du garçonnet semble confirmer notre interprétation. Patrice possède en effet une petite poupée (qu'il nomme Chantal) à laquelle il tient beaucoup, qui ne le quitte jamais, partage son lit, préside à ses jeux et s'identifie, à n'en pas douter, pour l'inconscient du garçonnet, aussi bien au bébé de la fille de sa nourrice qu'à lui-même. Patrice aime particulièrement habiller puis déshabiller cette poupée; il le fait sans se lasser; il n'est pas douteux qu'une telle pratique, outre la curiosité sexuelle inconsciente qu'elle implique, permet au garçonnet de transférer sur sa poupée son propre désir de se mettre et d'être tout nu non seulement pour se révéler tel qu'il est à ses propres yeux comme au regard d'autrui, pour être reconnu en même temps que pour s'affirmer dans son identité particulière, mais encore pour susciter de la part d'autrui le soutien protecteur et l'affection chaleureuse dont Patrice a le plus grand besoin.

Une autre attitude du garçonnet illustre, nous semble-t-il, notre interprétation : ne nous demanda-t-il pas, au terme de nos premiers contacts, d'aller le voir sous la douche, demande émise *ex abrupto* mais non sans insistance. Loin de se révéler saugrenue, elle nous parut au contraire comme la conclusion logique de notre rencontre initiale au cours de laquelle le garçonnet, d'une manière de plus en plus évidente et appuyée, nous avait demandé de le prendre en quelque sorte en charge en acceptant d'être pour lui le pôle masculin et l'image paternelle susceptibles de lui fournir les points d'appui et de référence dont il avait le plus grand besoin.

Il n'est donc pas étonnant qu'il ait voulu, en conclusion,

nous dévoiler sa nudité corporelle, symbole de son identité réelle et de sa pauvreté fondamentale.

Les relations que nous entretînmes ultérieurement avec Patrice, sans entrer dans la perspective d'une psychothérapie proprement dite (certaines circonstances indépendantes de notre volonté nous en empêchèrent) acquirent toutefois un caractère tel qu'elles purent être qualifiées de rapports à résonance psychothérapique d'autant plus facilement que la vie quotidienne dans cet institut médico-pédagogique sans revêtir l'aspect d'une psychothérapie institutionnelle se révélait somme toute assez peu contraignante et favorisait, beaucoup plus que la plupart des internats du même genre, l'épanouissement des enfants qui y étaient hébergés en vue de leur (ré)*éducation*.

Il ne nous sera pas possible, une fois de plus, d'analyser en détail ce qui s'est passé entre Patrice et nous. Nous devrons nous borner à étudier seulement deux petits épisodes, à nos yeux particulièrement significatifs.

Le premier est un jeu que Patrice nous proposa, quatre ou cinq semaines après notre première rencontre. Il nous présenta une boîte de cubes et nous dit : « On va jouer par terre ! Toi, tu vas construire des ponts et des routes pour que ma petite voiture puisse passer en dessous et rouler tout, tout droit ! Hein, dis ! »

Sitôt dit, sitôt fait, nous voilà tous deux à plat ventre sur le sol. Nous construisons quelques ponts et balisons une ou deux routes tandis que le garçonnet prend grand soin, en lançant son automobile, de respecter nos ouvrages d'art de même que les bornes encadrant nos chaussées. Peu après, toutefois, Patrice s'éclipse soudain, sans nous indiquer le motif de son départ. Il revient bientôt, une moto-miniature — mais beaucoup plus grosse que son automobile — entre les bras. « Tiens, nous dit-il alors, c'est pour toi ! Tu es un motard qui doit m'arrêter parce que je roule trop vite ! Tu me punis en me confisquant ma voiture ! Mais pas trop longtemps, hein ! » Nous nous exécutons, nous efforçant de remplir notre rôle avec le plus d'équité possible. En général, Patrice accepte fort bien nos *sanctions* et ne proteste quelquefois que pour la forme, sans grande conviction.

Après une heure de jeu, nous exprimons le *souhait* de l'interrompre mais le garçonnet fait la sourde oreille; il devine que nous demeurons disposés à lui accorder encore quelques minutes ! Cette *prolongation* écoulée, nous nous relevons, interrompant définitivement la partie. Patrice ne récrimine point et son humeur vis-à-vis de notre *personne* demeure égale mais il détruit d'un pied rageur nos ouvrages d'art et nos routes tandis qu'il traite sans ménagement son automobile et notre moto !

Le symbolisme de ce jeu nous paraît lumineux.

Le balisage des routes, notre rôle de motard — activités complémentaires que Patrice nous *impose* — constituent autant d'images de notre fonction paternelle auprès du garçonnet, fonction qu'il *exige,* pourrions-nous dire, de nous, fonction de guide, de soutien, de coërcition et de réprimande aussi dans la mesure où Patrice, de toute évidence, nous requiert de le maîtriser ou plus exactement de lui révéler les limites qu'il ne peut franchir, de l'aider à les découvrir lui-même et à les *intégrer* peu à peu.

Dès lors, notre jeu commun constitue pour lui, en toute *réalité,* le *moyen* par lequel il pourra, d'une part, accepter (sans angoisse ou révolte trop forte) les contraintes (le balisage routier) et les punitions (notre rôle de motard) que nous devrons lui imposer et, d'autre part, entreprendre d'assumer pour son propre compte en les faisant siennes d'une certaine manière ces contraintes et ces punitions qu'il sait en quelque sorte *inévitables*.

En d'autres termes, c'est par cette *mise à distance* que représente et qu'effectue le jeu, que Patrice, semblable en cela à tout enfant, pourra peu à peu se fixer et intégrer les points de repère et d'appui indispensables à la structuration progressive de son moi et à la stabilité enfin assurée de son identité masculine. En ce qui concerne ce dernier point, le fait qu'il fasse rouler sa voiture (symbole évidemment phallique) sous les ponts que nous lui avons construits ne pourrait-il pas être considéré comme le symbole de ce que, pour ainsi dire, à ses yeux, nous lui avons *rendu* sa virilité, par notre rôle paternel, de telle sorte qu'il peut désormais tout à la fois mimer inconsciemment le coït parental et partir en quelque sorte à la conquête du monde extérieur en roulant le long des routes que nous lui avons ouvertes, libéré dorénavant de la relation duelle, étouffante et castratrice, que ne pouvait point manquer de lui imposer l'image maternelle, la seule qu'il connût jusqu'alors.

Ceci dit, examinons brièvement une autre production du garçonnet, se situant six mois environ après notre première rencontre et peu de temps avant les grandes vacances.

Patrice sait, à cette époque, qu'il va bientôt, atteint par la limite d'âge, quitter l'institut médico-pédagogique pour retrouver son foyer nourricier, du moins en principe car il redoute, sans trop se l'avouer à lui-même, d'être placé ailleurs : sa nourrice n'a-t-elle pas demandé le retrait d'un des quatre enfants *assistés* dont elle avait la charge ? Patrice, en conséquence, craint d'être à son tour victime d'une semblable mésaventure. Sait-on jamais ? D'autant plus qu'il a conscience d'être, comme les adultes disent, un « garçon difficile »...

Au surplus, tout en espérant de pouvoir nous rencontrer

encore dans l'avenir, Patrice, déjà *expérimenté* malgré son jeune âge, pressent qu'il ne doit pas trop se faire d'illusion en la matière...

C'est dans cette atmosphère qu'il me dit, d'entrée de jeu, un matin : « Je vais dessiner un monsieur » !

Il se met au travail et l'accompagne de commentaires : « Le monsieur tombe dans les orties; son pantalon est tout sale à cause de sa chute. » Il dessine les ronces puis barbouille les jambes du monsieur; il s'interrompt ensuite, lève son crayon, rêve... Il reprend alors : — Devine ce que je vais faire maintenant ! — Je ne sais pas ! — ... Une bête qui fait zzzz... — Un moustique ? — Mais non ! — Une vipère ? — Oui. Elle pique le monsieur qui pleure ! Patrice indique les larmes... — Comment s'appelle le monsieur ? La réponse du garçonnet jaillit, telle une fusée : — Monsieur Paisse !

Interdit, suffoqué de ce qu'il a osé dire, Patrice devient tout pâle et s'empresse de compléter sa réplique : « *On* tue la vipère avec un couteau ! »

Il signe enfin son œuvre en écriture à l'anglaise et ajoute : « Auparavant, j'écrivais en *crip (sic)* (en réalité : script); c'était moins joli que maintenant. »

Ce dessin, cette scène s'interprètent, nous semble-t-il, d'elles-mêmes.

Patrice nous punit parce qu'il craint, parce qu'il croit qu'il ne nous verra plus, c'est-à-dire que *nous* l'abandonnerons bientôt, *lui*. Bien qu'il sache, consciemment, que nous ne sommes point objectivement responsables de la séparation, que nous nous efforcerons de maintenir le contact, son inconscient n'entre pas dans cette perspective et nous *exécute* pour *trahison !* D'une certaine manière, réaction et *sentence* normales chez un petit garçon *écorché vif* pour qui nous constituions un point d'appui et de référence assurément très précieux dont l'absence lui paraissait d'autant plus pénible qu'il ne savait comment le remplacer.

Il termine cependant sur une note moins négative et tire en quelque sorte la conclusion de nos contacts lorsqu'il nous fait remarquer qu'il écrit désormais en lettres anglaises et ajoute : « C'est plus joli ! »

Ce progrès coïncidait en effet avec la fin de nos relations; sans qu'il y eut certes le moindre lien de cause à conséquence, c'était à coup sûr à ses yeux une manière de nous avouer qu'au fond, *malgré tout,* nos rapports, quoique interrompus, n'avaient pas été vains !

La beauté de son écriture apparaissait dès lors en quelque sorte comme le symbole d'un équilibre psychique sinon parfait du moins plus satisfaisant.

Roger venait d'avoir ses dix ans lorsque la directrice d'un home pour enfants moralement abandonnés nous demanda d'effectuer son examen psychologique en vue d'une prise en charge psychothérapique ultérieure.

Elle nous adressa cette requête, pourrions-nous dire, *en désespoir de cause* dans la mesure où ce garçonnet se montrait particulièrement difficile à vivre et présentait même un danger indéniable pour ses compagnons tant il se révélait parfois agressif, dans la mesure aussi où plusieurs internats, pourtant plus spécialisés, avaient refusé de l'accueillir en raison de son « mauvais caractère »...

Brossons d'abord un tableau succinct de la situation familiale de Roger.

Ses parents, déchus de la puissance paternelle et maternelle, vivent séparés depuis longtemps déjà.

Son père purge une peine de prison : ses contacts avec Roger se révèlent nuls.

Sa mère, arriérée mentale comme le garçonnet, habite un village et se montre totalement incapable d'élever sa nombreuse famille. Elle aime, en fait, d'autant moins ses enfants qu'elle déclare à qui veut l'entendre qu'elle leur porte la plus vive tendresse. Elle vit avec un concubin; tous deux ne se gênent pas pour s'accorder leurs faveurs mutuelles devant les petits qui demeurent encore avec eux. Les aînés, pour leur part, sont tous placés en divers internats. C'est ainsi que deux sœurs de Roger (douze et sept ans) vivent avec lui au home ci-dessus mentionné.

Un frère (treize ans) y habitait aussi jusqu'à l'année précédant celle où nous prîmes Roger en charge. De caractère extrêmement difficile, il exerçait une profonde influence — jugée évidemment très défavorable — sur le garçonnet qui lui était très attaché, s'identifiait à lui et le prenait en conséquence pour modèle.

Pour ce motif, l'on jugea bon, quelques mois avant notre arrivée au sein de l'établissement, de les séparer.

Roger, considéré comme un arriéré mental moyen, témoigne d'un tempérament très colérique; son agressivité, tout aussi aveugle qu'extrêmement violente, se révèle très *spectaculaire* et possède un caractère hystérique tout à fait indéniable.

Roger fugue très souvent mais l'on peut se demander s'il veut vraiment s'enfuir dans la mesure où il s'arrange toujours pour *se faire remarquer* (par du chapardage essentiellement) et indique dès lors lui-même à ceux qui l'interpellent le numéro de téléphone du home afin qu'on vînt le rechercher, tout en ne manquant pas de se présenter comme « un petit garçon à la recherche de sa maman », ce qui provoque évidemment la pitié de ceux qui l'ont recueilli provisoirement... Nous sommes ici en présence, nous semble-t-il, d'une nouvelle manifestation du caractère indubitablement hystérique de Roger.

Celui-ci commet de nombreux petits vols — en classe, dans les magasins, à l'internat —. Souvent, il s'arrange pour distribuer à ses compagnons une partie de ses larcins, tentant ainsi de les « mettre dans le coup », du moins en tant que receleurs, en vue de se déculpabiliser lui-même, ne fût-ce que partiellement. Remarquons encore qu'il commet ces vols d'une manière telle qu'il est le plus souvent très vite découvert : nouveau signe de l'aspect hystéroïde de son psychisme.

L'énurésie nocturne et très fréquente de Roger s'accompagne d'un rite du coucher auquel le garçonnet sacrifie chaque soir scrupuleusement et qui nous apparaît comme très significatif : lorsqu'il voit ses compagnons endormis, Roger se relève, dispose ses draps et ses couvertures en forme de poche étroitement bordée, se glisse ensuite à l'intérieur de celle-ci, y disparaît quasi entièrement puis urine, se met en position fœtale et s'endort enfin d'un sommeil calme et profond.

La signification psychologique de ce rite et de l'énurésie qui y est associée nous paraît évidente : les draps disposés en cocon représentent à nos yeux pour l'inconscient du garçonnet la matrice maternelle; il prend grand plaisir à y disparaître; indubitablement, Roger, même s'il ne peut le verbaliser, regrette la quiétude du sein de sa mère; il désire y vivre derechef, goûtant sa chaleur protectrice et c'est pourquoi il sacrifie quotidiennement à ce rituel, chargé de lui fournir en quelque sorte une compensation *symbolique* encore que très investie.

En outre, nous semble-t-il, son énurésie traduit une profonde envie de retrouver son statut, son état de poupon; le fait de se mouiller apparaît pour l'inconscient du garçonnet comme une identification, pourrions-nous dire, fantasmatique au bébé qu'il regrette de ne plus être dans la mesure où ce bébé, en tant que fondamentalement démuni, éprouve un grand besoin d'affection maternelle; en conséquence, Roger se mouille pour obéir en quelque sorte à un processus de régression découlant d'une frustration affective indéniablement considérable, et pour *signaler*, si nous osons dire, à son entourage cette carence afin de bénéficier ensuite d'un climat chaleureux et protecteur.

Lors de notre examen psychologique, évidemment accepté de très bonne grâce, étant vécu par le garçonnet comme une marque de grand intérêt, comme un *privilège* que nous lui accordions, Roger écrivit quelques mots. Quoiqu'il témoignât d'une graphie relativement stable déjà et assez bien formée, nous remarquâmes qu'il ne suivait guère les lignes-guides du papier mais qu'il descendait ou, plus fréquemment, montait au fur et à mesure qu'il traçait les différentes lettres des trois ou quatre mots que nous lui dictions.

A cela s'ajoute le fait qu'il nous demanda de pouvoir utiliser la règle pour exécuter les dessins (une maison notamment) que nous lui proposâmes de faire.

A côté du contrôle psycho-moteur et spatial déficient que de semblables pratiques supposent, ne pouvons-nous y voir le signe d'un trouble indéniable, d'une part, dans la structure du moi, plus ou moins incapable de s'organiser d'une manière satisfaisante, et, d'autre part, vis-à-vis des contraintes et des impératifs du monde extérieur dans la mesure où les lignes-guides du papier aussi bien que la règle de bois constituent autant d'instruments symbolisant en quelque sorte pour l'inconscient les règlements, lois et prescriptions qu'imposent à tout homme le monde extérieur et la vie en société ?

Roger sait très bien (nous en donnerons une preuve ci-dessous) qu'il se trouve être en quelque sorte *hors la loi*, au moins d'une certaine manière, dans la mesure où il n'ignore pas qu'il témoigne d'un caractère très difficile, éprouvant une grande peine *à se mettre en ordre* lui-même, en tant que moi à structurer, et à respecter en conséquence les règles et contraintes de la réalité extérieures. Il voudrait pouvoir s'organiser et obéir aux lois du monde qui l'entoure (c'est pourquoi il utilise la règle) mais il s'en reconnaît incapable et *appelle* en quelque sorte *à l'aide* (comme nous le verrons bientôt). C'est ce qui explique le caractère nettement hystérique de son comportement délictuel.

Cette déficience structurelle du moi, cette impossibilité de pouvoir y remédier se manifestent d'une façon indéniable dans le dessin de la maison très pauvre, très stéréotypée, très *fermée*, aux éléments plutôt séparés et juxtaposés qu'unifiés en une synthèse.

Dans la représentation de la famille, Roger n'indique que sa mère et lui-même, à l'exclusion de toute autre personne. Les deux silhouettes, dépourvues de cheveux et de doigts, aux bras à peine esquissés, ont la même taille mais le garçonnet s'est fait plus corpulent que sa mère.

La signification d'une telle œuvre nous paraît évidente et corrobore à nos yeux ce que nous avons dit du rituel auquel sacrifie Roger lorsqu'il se couche : le personnage maternel occupe encore une place prépondérante dans l'inconscient de l'enfant, il demeure vécu d'une manière très archaïque, non dépourvue d'ambivalence : agressivité et absence. Il est tout à la fois ce qui se donne et se dérobe, ce qui énonce une promesse et ne la tient pas. Inconsciemment, Roger se demande toujours qui est sa mère; il ne parvient pas à s'en faire une idée stable; elle lui apparaît en quelque sorte comme évanescente et se plaît, pourrions-nous dire, à brouiller les points d'appui et de référence du garçonnet qui ne sait plus du tout où il en est vis-à-vis d'elle. Lorsqu'il déclare, souvenons-nous-en, qu'il « recherche sa maman », il ne croit pas sans doute si bien dire et la quête spatiale qu'il entreprend périodiquement ne constitue dès lors que le signe ou plutôt le symbole d'une autre quête beaucoup plus essentielle mais toujours vouée à l'échec.

Ce qui accroît encore la confusion où s'englue, oserions-nous dire, le garçonnet, ce qui l'empêche de se situer vis-à-vis d'autrui, d'entreprendre une structuration progressive de son moi à partir de points d'appui et de référence aussi stables que bien limités, c'est l'évanescence du pôle masculin et paternel qui ne lui fournit aucun modèle auquel il puisse s'identifier d'une manière satisfaisante et provoque, par son absence, dans le psychisme du garçonnet, une rupture d'équilibre de telle sorte que seule demeure une relation duelle avec la mère, relation dont nous avons analysé les déficiences radicales.

Il ne nous paraît point dès lors étonnant que Roger vive le monde extérieur comme confus, ambivalent et conflictuel ce qui engendre en lui, d'une part, un surcroît d'angoisse et, d'autre part, une incapacité de structuration personnelle, ce qui l'entraîne aussi à répondre, pourrions-nous dire, sur le même ton, à mimer en quelque sorte ce qui lui apparaît, venant de son entourage, comme ambigu et agressif dans la pensée inconsciente qu'il sera peut-être mieux compris s'il *se met sur la même longueur d'onde* qu'autrui (ou du moins de ce qu'il perçoit d'autrui), un autrui peu structuré et conflictuel.

Il n'est dès lors pas étonnant non plus de voir le garçonnet s'imaginer inconsciemment qu'il *ne fait pas le poids* devant cet univers peu engageant autant que difficilement compréhensible; Roger se sent particulièrement démuni et sans défense; il ne découvre aucune barrière en lui contre l'angoisse toujours présente et prête à le submerger. En conséquence, l'enfant *explose* parfois et témoigne alors d'une agressivité plus ou moins aveugle analogue à celle d'un animal aux abois ou pris au piège ou bien, il adopte une attitude compensatoire, essentiellement fantasmatique dont il nous a donné deux exemples significatifs dès notre première rencontre.

Il nous dit d'abord : « J'ai défendu ma sœur ce matin, à l'école. Un camarade, un *voyou*, l'attaquait. Alors, j'ai pris le garçon par sa blouse et lui ai flanqué un coup de poing. »

Tout en parlant, Roger mimait avec beaucoup d'énergie et une intense satisfaction les différentes parties de cette scène, insistant sur l'âge de sa sœur (douze ans) et se rajeunissant lui-même d'une année pour nous indiquer sans nul doute qu'en dépit de son jeune âge, il se montrait vaillant et défendait des enfants plus âgés que lui. Il traitait ensuite l'agresseur de *voyou*, nom que certains compagnons de classe donnaient au garçonnet, Roger appliquant l'adage « Un prêté pour un rendu » et s'identifiant inconsciemment à l'agressivité de son camarade.

Renseignement pris, il y eut certes un incident ce matin-là dans la cour de l'école, le garçonnet interpella violemment un de ses compagnons qui taquinait assez méchamment sa sœur mais il ne le frappa en aucune manière et s'enfuit au contraire à toutes jambes lorsque son camarade, sans se laisser impressionner par les menaces verbales de Roger, fit mine de lui courir sus. Ce qui entraîna le commentaire de sa sœur : « C'est bien fait pour lui ! Je ne lui avais rien demandé. » !

Nous voyons donc que Roger, humilié le matin, voulut en une réaction compensatoire revivre fantasmatiquement la scène mais en s'attribuant cette fois le beau rôle; il la *mima* avec d'autant plus de satisfaction mais en inversant les rôles, qu'elle l'avait, au niveau de la réalité, gravement frustré.

Il nous donna peu après un autre exemple de ce mécanisme compensatoire de nature fantasmatique.

« Ce matin, nous dit-il, le maître d'école m'interpelle mais je lui réponds : Ta gueule, Bibi ! Et Bibi n'a plus rien dit ! » Il jubilait intensément tandis qu'il nous parlait; son ton, à l'égard de « Bibi », se montrait particulièrement sarcastique. Après quelques instants de silence, il ajouta d'une voix péremptoire : « D'ailleurs, le maître et mes camarades m'obéissent... »

Renseignement pris, une fois encore, Roger n'a pas ouvert la bouche lorsque l'instituteur, pour quelque bêtise, l'a réprimandé.

Il n'a, d'autre part, aucune influence sur ses compagnons mais apparaît plutôt, au sein de son groupe, comme la *brebis galeuse* ou le *bouc émissaire*. Ses surnoms (à l'école : le *voyou*; à l'internat : le *pisseur*) en disent long sur son rôle et sa place dans les communautés d'enfants où il vit.

Il s'agit donc encore d'une attitude, généralement fréquente, de nature fantasmatiquement compensatoire.

Nous remarquerons que ces deux exemples concernent des scènes de la vie quotidienne du garçonnet essentiellement centrées sur un ensemble de relations *conflictuelles* : cela ne peut nous étonner si nous nous souvenons que Roger ressent le monde extérieur comme hostile et dangereux et qu'en conséquence, l'agressivité lui apparaît tout à la fois le seul moyen de défense dont il puisse disposer et comme la seule espèce de dialogue qu'il puisse utiliser dans la mesure où il croit que les relations entre les gens sont exclusivement fondées sur des rapports de forces,

forces brutales et n'admettant pas le compromis. En d'autres termes, Roger pense, nous semble-t-il, que le monde ne comprend que la violence; il adopte dès lors le langage de celle-ci dans l'espoir d'être accepté par autrui; en dépit du paradoxe apparent, l'agressivité du garçonnet nous paraît découler d'un effort de celui-ci en vue de s'adapter au monde, d'être adopté et reconnu par ce dernier.

Toutefois, à notre avis, ce recours à la violence ne se limite pas à être un réflexe défensif et compensatoire ou à constituer en quelque sorte une tentative de nouer un dialogue avec le monde extérieur.

C'est aussi, nous semble-t-il, un processus d'autopunition que Roger utilise abondamment dans la mesure où il se croit inconsciemment coupable; il adopte ainsi une attitude très répandue chez les enfants vivant une expérience analogue à la sienne. Ceux-ci, tout comme Roger, tiennent en quelque sorte, au niveau du psychisme profond, le raisonnement suivant, évidemment non verbalisé : « Le monde m'est hostile; *donc* j'ai fait quelque chose de mal, *donc*, je dois être puni... » C'est pourquoi certaines attitudes du garçonnet se révèlent *ouvertement* agressives et le sont à tel point qu'elles ne peuvent pas ne pas entraîner de la part d'autrui une réponse indéniablement punitive ou réjectrice.

Quant aux vols de Roger, outre leur aspect *spectaculaire* sur lequel nous avons attiré l'attention de nos lecteurs et dont nous avons tenté de déceler la signification, il ne fait pas de doute qu'ils jouent, eux aussi, un rôle compensatoire important dans la mesure où l'inconscient du garçonnet, en l'incitant à les commettre, s'efforce de combler ainsi plus ou moins les carences dont il souffre par ailleurs, carences d'ordre essentiellement affectif.

Ils nous paraissent au surplus constituer un signe de l'immaturité psychique de Roger dans la mesure où ils possèdent un caractère indéniablement régressif et s'identifient à ceux qu'ont l'habitude de commettre les jeunes enfants, encore incapables d'acquérir une conscience claire des frontières entre l'*ego* et l'*alter* oscillant sans cesse entre l'extrême générosité (ils donnent tout ce qu'ils ont) et l'avidité exacerbée (ils veulent tout pour eux). Dans cette perspective, le vol et le don apparaissent dès lors comme des moyens de découvrir les limites du moi et de l'altérité.

Si Roger se montra très satisfait d'être pris en examen psychologique (c'était, avons-nous dit, à ses yeux une manière d'être *privilégié* par rapport à ses camarades qui n'en avaient pas encore passé), il le fut beaucoup moins au moment où nous lui proposâmes une première séance de psychothérapie. Il s'enfuit d'abord au fond du parc, s'y cacha durant quelques minutes puis, sans doute piqué par la curiosité et quelque peu surpris de notre *sérénité* (nous ne l'avions nullement *forcé* à nous obéir, nous ne l'avions point emmené *manu militari* au local *ad hoc*) il revint dans l'établissement et s'approcha de la chambre où nous nous tenions placidement. « Pourquoi toujours moi et pas un autre ? » nous demanda-t-il d'un ton violemment agressif. « Les autres auront leur tour » répondîmes-nous. Et nous ajoutâmes « Si tu ne m'intéressais pas, je ne passerais point mon temps à venir ici. Mais bien entendu, cela ne me fera rien si tu veux jouer ailleurs. » Il demeura silencieux durant quelques secondes puis reprit : « Je pourrai faire ce que je veux, vraiment, m'en aller quand il me plaîra ? — Mais oui... » Debout dans l'embrasure de la porte, il jeta ensuite un regard à l'intérieur de la pièce et lorgna la table vide. « J'accepte que tu me montres les jouets que tu portes dans ta serviette » nous dit-il enfin ! Il pénétra dans la chambre et fit un inventaire rigoureux de ce que nous sortions de notre valise : puzzles, papier à dessin, pâte à modeler, etc. Il ouvrit un puzzle tout en nous déclarant d'un ton énergique qu'il ne le ferait en aucune façon. » — Vraiment pas ? — ... — A ton aise! « répondîmes-nous. Il s'accouda à la fenêtre et y resta plusieurs minutes, silencieux; il revint ensuite vers la table, s'y assit, mélangea furieusement les morceaux du puzzle et entreprit de le faire : « J'agis comme il me plaît » nous dit-il alors d'un ton provoquant ! Peu après, une découpe s'emboîta difficilement : le garçonnet s'escrima mais en vain, tout d'abord; « Je sens qu'un jouet va être bientôt cassé » proféra-t-il d'une voix énergique en nous regardant par en dessous... Nous gardâmes le silence, impassibles... » Je sens qu'un jouet va être bientôt cassé », répéta-t-il alors, plus convaincu que jamais, sans, cette fois, nous dévisager... Nous ne réagîmes toujours pas tandis que le morceau s'ajustait tout à coup... Il quitta derechef la table pour la fenêtre, y demeura quelques instants, y cracha à plusieurs reprises puis revint vers nous; il saisit une lampe de bureau et l'inclina progressivement vers notre main immobile; au moment où elles allaient se rencontrer, il nous dit, péremptoire : « Ote ta main sinon la lampe qui est bouillante va te brûler ! » Ce que nous fîmes...

Nous nous sommes étendu sur cette première séance car elle nous paraît très significative.

Il ne faut point nous étonner, nous semble-t-il, du refus initial de Roger d'entreprendre la psychothérapie que nous lui proposions. Ne lui *prouvait*-elle point en effet qu'il était un garçonnet difficile, beaucoup plus pénible que ses compagnons (« Pourquoi toujours moi et non un autre » nous demanda-t-il, souvenons-nous-en). Elle mettait dès lors en relief cette singularité d'enfant « à problèmes » et ne pouvait, en conséquence, que l'*insécuriser*, provoquant par la même occasion tout à la fois sa fuite initiale et son agressivité.

Ce ne fut point cependant un refus définitif, il consentit à tenter l'expérience sans doute parce que nous l'avions laissé libre, sans contrainte d'aucune sorte, directe ou indirecte.

Il *nous mit* alors *à l'épreuve*, voulant vérifier si *réellement* nous lui permettrions de faire ce qu'il voulait (refuser ce que nous lui proposions, casser le matériel, nous menacer : *crescendo* tout à fait remarquable...). Cette mise à l'épreuve s'imposait assurément à ses yeux dans la mesure où il *devait* contrôler si nous étions digne de confiance, si nous *étions vraiment* ce que nous *paraissions*, dans la mesure où jusqu'alors autrui s'était présenté à lui sous l'aspect en quelque sorte d'un caméléon, foncièrement ambigu et versatile.

En d'autres termes, il nous fit passer un *examen* de *crédibilité* et ne se décida à nous l'accorder qu'au terme de plusieurs séances analogues à celle que nous venons d'analyser brièvement.

Cette confiance, cette créance se révélaient à ses yeux fondamentales car c'était, pourrions-nous dire, ce dont autrui (et en conséquence lui-même) manquait le plus, cette *stabilité* dans l'attitude, cette *concordance* des comportements, cette *absence* de versatilité, de double-jeu, cette *permanence* des points d'appui...

Cela découvert en nous, il pouvait dès lors nous demander de le prendre en charge et c'est ce qu'il fit bientôt...

Il nous proposa un jeu : « Je prends cette voiture de course, nous dit-il, et toi, je te donne ce camion-poubelle. Les rues sont pleines de gadouille; tu vas la ramasser et la mettre dans ton camion-poubelle pour que je puisse passer après toi. »

Ce que nous fîmes...

Le sens d'un tel jeu nous paraît évident. Le rôle que Roger nous attribue : nettoyer les rues pour lui frayer un passage, symbolise à coup sûr la manière dont il considère désormais notre présence auprès de lui et notre action à son égard : lui faciliter en quelque sorte son entrée dans le monde, lui présenter cet univers débarrassé de tous les « mauvais éléments » qu'il contient, du moins tels que Roger les éprouve, plus précisément *réconcilier* le garçonnet et la réalité extérieure, être en un mot un *introducteur* aussi bien de l'enfant par rapport au monde que de celui-ci vis-à-vis du petit garçon, lui permettre en conséquence d'assurer une structuration progressive de son moi de même qu'un dialogue plus satisfaisant avec autrui.

Les séances ultérieures, que nous ne pouvons analyser ici, constitueront ce que nous pourrions nommer une mise en pratique de ce *programme* avec un résultat favorable très encourageant.

Claude allait sur ses onze ans lorsqu'il nous fut confié en vue d'un examen psychologique; il séjournait alors en institut médico-pédagogique.

Il souffrait d'une infirmité motrice cérébrale constituée d'une quadriparésie spasmodique prédominante au côté gauche avec un handicap moteur modéré, séquelle d'une encéphalite à l'âge de neuf mois.

A l'époque où nous nous rencontrâmes, ses parents avaient divorcé depuis un peu plus d'une année mais ils ne vivaient plus ensemble bien longtemps auparavant. Tout au long de cette période (sept à huit ans), Claude avait vécu en internat et avait passé les vacances d'abord chez son père, puis chez sa tante, enfin chez sa mère.

Celle-ci ne lui écrivait jamais, ne venait jamais le voir durant le trimestre et ne le reprenait qu'au moment des vacances. Encore fallait-il souvent que la direction de l'institut médico-pédagogique insistât pour qu'elle condescendît à venir le chercher : plusieurs fois, elle l'oublia !

Ainsi qu'on peut sans peine le supposer, Claude souffrait beaucoup non seulement de l'instabilité familiale considérable mais encore et surtout, pourrions-nous dire, de l'attitude objectivement très réjectrice de sa mère de telle sorte que les problèmes psychologiques très graves de ce garçonnet ne découlaient pas tellement, ainsi que nous le verrons bientôt, de son infirmité motrice cérébrale assez bénigne mais avant tout, nous semble-t-il, d'un très profond traumatisme affectif résultant, de toute évidence, de ses mauvaises relations familiales; les déficiences considérables de celles-ci, surtout en ce qui concerne les rapports du garçonnet et de sa mère, engendraient une incohérence majeure dans la structure psychique de Claude qui, manquant de points d'appui et de référence, ne parvenait guère à se situer, à savoir qui il était et où il en était, ce qui provoquait dans son comportement de nombreuses manifestations de régression psychique caractérisée.

Claude, visiblement très satisfait que nous nous intéressions à lui en particulier, se révéla très coopérant, très ouvert et très bavard; souriant, il se mit spontanément à babiller beaucoup mais nous parla toujours d'autre chose que de ce qu'il était en train de faire. Cette attitude, très banale d'ailleurs en pareil cas si nous en croyons notre expérience, indiquait, est-il besoin de le souligner, la présence d'un syndrome abandonnique caractérisé [1] encore que tout à fait traditionnel de même qu'une incohérence psychique aussi courante qu'indéniable.

Après un premier examen d'une heure et demie au cours duquel il ne s'était jamais départi de sa bonne humeur et s'était montré inlassablement coopératif sans la moindre fatigue apparente, il nous obéit volontiers lorsque nous

---

[1] Claude voulait nous séduire, pour compenser...

lui proposâmes de retourner en classe; nos contacts ulté-
rieurs nous apprirent qu'il aimait changer assez souvent
de cadre ou plus exactement peut-être qu'il *ne se trouvait*,
en quelque sorte, *bien nulle part* après un petit moment et
qu'il désirait dès lors *expérimenter* une autre situation qu'il
espérait meilleure mais qui, immanquablement, finissait par
le *décevoir* à son tour.

Par la suite, dès qu'il nous rencontrait dans les couloirs,
il accourait vers nous en se déhanchant, si nous osons dire,
de tout le corps, nous présentait une main timide et nous
demandait s'il pouvait « venir dessiner chez toi à la récré ! »
Ce que nous lui accordions, bien entendu, très volontiers !

Il nous exécuta ainsi, au fil des jours, de très nombreux
dessins et cela nous permit, au moins à certains moments,
de déceler l'influence de tel ou tel événement de la vie
quotidienne du garçonnet sur sa créativité graphique. Pour
illustrer notre propos, nous en donnerons un bref exemple.

A la veille (mais il l'ignorait) d'un retour — exceptionnel
— en famille, il nous exécuta une maison, très vaste (elle
occupait les trois quarts de la feuille) mais complètement
aveugle, sans porte ni fenêtre, sans profondeur, un cadre
tout à la fois opaque et vide, encadré de deux petites marguerites tout à fait intimidées... Le sens de ce dessin nous
parut évident : Claude, d'une part, s'enfermait en lui-même
pour se protéger en quelque sorte d'un monde extérieur
vécu comme hostile et dangereux, et, d'autre part, se montrait incapable de sortir de lui-même pour nouer avec autrui
un ensemble de relations psychologiquement satisfaisantes.
En conséquence, son moi demeurait en quelque sorte
inchoatif et dépourvu de structure signifiante.

Trois jours plus tard, au retour de cette brève visite à
sa famille, Claude exécuta un nouveau dessin d'une maison; cette œuvre se révéla très différente de la précédente

mais non moins digne d'intérêt; le bâtiment, tout aussi gigantesque, se trouve pourvu de nombreuses fenêtres et de trois portes (« pour que les personnes puissent sortir plus facilement » nous précise Claude). Il faut remarquer toutefois que la graphie est beaucoup plus rapide et nerveuse; le garçonnet, tout en manifestant son plaisir de dessiner, ne s'applique visiblement pas; sans bâcler réellement son ouvrage, il ne le fignole pas et témoigne d'une certaine agressivité plus ou moins voilée : les angles des fenêtres sont en pointe de flèche acérée, tout en manquant par ailleurs de stabilité; ces fenêtres s'alignent certes les unes à côté des autres mais elles sont de guingois, branlantes, inachevées.

Le bonheur du retour en famille a donc été pour Claude une source d'épanouissement; cela lui a permis de sortir de lui-même, d'être un peu moins prisonnier de son cocon défensif; il expérimenta ainsi la possibilité d'entrer en rapport avec autrui. Mais ces contacts en dépit de leur réalité assurément satisfaisante demeurèrent cependant encore relatifs en raison notamment de leur brève durée. C'est pourquoi les signes d'ouverture dans le dessin ne manquent pas d'apparaître comme très fragiles et, en définitive, comme assez peu convaincants.

L'attitude du garçonnet se révéla d'ailleurs assez ambiguë : en effet, s'il parut heureux de ses deux jours de vacances, ce fut sans regret, semble-t-il, qu'il les vit terminés; plus exactement peut-être, il témoigna d'une résignation quelque peu fataliste ayant l'air de dire : « Il fallait bien que ces vacances se terminent ! Alors, tant pis ! »

Dans une perspective analogue mais plus globale, le garçonnet paraissait en général peu motivé, indifférent : il accomplissait avec une docilité indéniable les tâches qu'on lui demandait; il les exécutait sans enthousiasme mais sans réticence ni dégoût; il les effectuait, nous semble-t-il, par souci inconscient de suivre un ordre, de s'insérer dans une structure sécurisante en vue de dominer son angoisse fondamentale, angoisse découlant de son absence radicale de points d'appui et de référence susceptibles de lui permettre d'élaborer un système défensif cohérent et d'autant plus efficace contre cette angoisse.

La plupart des dessins libres du garçonnet nous la montrent, prédominante et à l'œuvre, pourrions-nous dire.

Nous en donnerons deux exemples parmi beaucoup d'autres.

Le premier d'entre-eux permet au thème de la mort dramatique d'apparaître dans toute son ampleur.

Claude nous le commenta : il s'agissait de la mort de trois cosmonautes sur la lune.

Le choix du sujet (un voyage inter-planétaire) nous paraît significatif; il s'inspirait assurément de l'actualité de l'époque mais, répétons-le, l'inconscient humain n'invente rien à proprement parler : il isole en quelque sorte dans les événements de la réalité extérieure ce qui peut constituer un support à son activité fantasmatique résultant de sa problématique psychologique particulière; il n'hésite point d'ailleurs à modifier souvent et autant qu'il le juge nécessaire ce qui, dans la réalité extérieure, lui sert de point de départ; c'est ce que Claude a fait lorsqu'il a transposé sur la lune la mort des trois cosmonautes survenues sur la terre.

Si nous tentons une interprétation, ne pouvons-nous voir dans ce voyage interplanétaire un essai d'évasion loin du monde terrestre, désirée par l'inconscient du garçonnet qui s'identifie indubitablement, nous semble-t-il, dans cette perspective aux cosmonautes ?

Claude, en d'autres termes, voudrait fuir la réalité extérieure *vécue* comme hostile et profondément angoissante mais, au terme même de cette évasion, il ne trouve que la destruction de sa personnalité, c'est-à-dire la mort. En fait, le garçonnet paraît comprendre, nous semble-t-il, qu'en fuyant le monde qui l'entoure, il se détruit finalement lui-même.

Mais cette mort ne peut-elle être toutefois interprétée comme l'expression fantasmatique d'un désir suicidaire inconscient dans la mesure où Claude a la conviction que l'hostilité angoissante du monde extérieur telle qu'il l'éprouve engendre en quelque sorte la ruine et la destruction de son psychisme ?

Dans cette perspective, ce dessin nous semble devoir être rapproché de deux autres qu'il nous fit antérieurement.

Le premier représentait, nous dit-il, « un parachutiste qui descend sur Paris, ayant sauté d'un avion » venant de la métropole régionale, assez lointaine, où le garçonnet vivait d'habitude. Claude ajouta que ce parachutiste « regagnait la terre mais très loin, très loin... »

Nous retrouvons dans ce dessin une réaction de fuite analogue à celle que nous avons découverte dans l'œuvre précédente mais elle ne s'achève point, cette fois, tragiquement.

Il n'en va pas de même, hélas, dans le troisième dessin que nous voudrions analyser.

Tandis qu'il l'exécutait, Claude se montra très laconique (et pour cause, oserions-nous dire). Il nous déclara simplement, d'une voix tranquille, « C'est un petit garçon mort dans son cercueil ! »

Tout commentaire à ce sujet nous semble superflu !

D'autres dessins achèveront de nous aider à tracer un portrait psychologique du garçonnet et à préciser davantage encore la manière dont il se vit dans son face à face avec la réalité extérieure.

La façon dont il représente les arbres confirme ce que nous savons déjà : son immaturité affective autant qu'intellectuelle (Claude est considéré comme un arriéré mental moyen) s'y dévoile indéniablement.

Le dessin de la famille, pour sa part, escamotant les nombreux frères et sœurs (tous plus âgés) de même que le père du garçonnet, nous apporte, si nous osons dire, une preuve supplémentaire des troubles affectifs de Claude en même temps qu'il nous précise la nature des relations de celui-ci avec sa mère, les seuls personnages qu'il dessine.

Se révèle d'abord l'égocentrisme profondément régressif du garçonnet dont la silhouette apparaît comme la plus importante.

De son côté, l'évanescence graphique du personnage maternel semble indiquer que l'inconscient de Claude perçoit avec beaucoup d'acuité l'attitude fuyante de sa mère; en d'autres termes, et pour ainsi dire, le garçonnet, lorsqu'il se tourne vers elle, ne rencontre que le vide et c'est ce vide qui le désoriente, ruinant tous ses points de repère; en conséquence, Claude s'éprouve lui aussi comme quasi inexistant, incapable d'entreprendre la structuration progressive de son moi.

C'est ce qui explique que le garçonnet apparaisse, depuis de longues années, comme un enfant complètement désorienté dans l'espace et le temps : il lui a fallu une année pour se reconnaître dans les couloirs de l'institut médico-pédagogique : retrouver sa classe, son dortoir, les salles de kinésithérapie, d'ergothérapie; qui plus est, à l'époque où nous nous rencontrâmes, il lui arrivait encore assez fréquemment d'hésiter ou de commettre des erreurs.

Durant une longue période, il n'eut guère d'activité scolaire : très instable, il ne pouvait se maintenir à un quelconque travail et ne semblait même pas comprendre, en général, ce que l'institutrice lui demandait.

Il témoignait aussi de réactions nombreuses apparemment anormales, bizarres et incompréhensibles : fou-rires aussi imprévus qu'injustifiés, gesticulations impulsives autant qu'incontrôlées... Ne pourrions-nous y voir une attitude globale de nature compensatoire : Claude ne tentait-il point de se dissimuler à lui-même sa profonde angoisse sous un rire de « façade », un rire « garde-fou » en quelque sorte ? De même le côté imprévu, saugrenu de ses gesticulations ne se servait-il pas, pourrions-nous dire, de son contrôle psycho-moteur insuffisant pour exprimer l'absence radicale, dans le domaine purement psychique, de points d'appui et de référence ?

Une autre de ses attitudes apparemment bizarres pourrait, nous semble-t-il, revêtir une signification analogue : souvent, en effet, Claude avait coutume de s'arrêter brusquement au milieu d'une activité; le regard perdu, le geste en suspens, il s'enfonçait tout à coup dans une profonde rêverie, n'ayant plus du tout l'air de savoir où il était, où il en était, parti en quelque sorte très loin du monde ambiant et souvent incapable de *revenir* aussitôt lorsque l'on tentait de le *réveiller...*

Ne pouvons-nous y voir en outre une nouvelle manifestation de cette tendance indéniable à l'évasion loin de la réalité angoissante que nous avons déjà découverte dans ses dessins ?

Ajoutons que le garçonnet s'adonnait à une masturbation très fréquente, de jour comme de nuit, publique, dépourvue de toute gêne et intensément compulsive.

Cette masturbation ne pourrait-elle s'interpréter comme une réaction compensatoire dans la mesure où le pénis de

Claude lui apparaissait comme le signe en quelque sorte symbolique de l'intégrité de sa personnalité tout entière ? En d'autres termes, le garçonnet ne se masturbait-il pas pour tenter de *se prouver* pour ainsi dire à lui-même qu'il existait bien dans sa complétude psycho-somatique, en dépit du fait qu'il se sentait peu structuré, sans point de repère et en conséquence très dévalorisé à ses yeux.

D'autres attitudes, de nature très régressive, lui étaient, de même, coutumières.

Vis-à-vis de son éducatrice, par exemple, il témoignait d'une avidité affective très considérable qui ne semblait jamais pouvoir être rassasiée ; il se montrait en conséquence très sensible à la moindre des remarques ou remontrances de la jeune femme et se mettait à pleurer, entre autres, à peine celle-ci lui faisait-elle « les gros yeux » ! De même, tout comme le très jeune enfant, il aimait encore beaucoup le contact physique avec elle et ne parvenait guère, en ce domaine, à se maîtriser : ses caresses devenaient vite « débordantes » : ses pulsions archaïques se révélaient encore très actives.

D'autre part, Claude se montrait peu intégré au groupe de ses camarades. Ceux-ci ne semblaient guère le comprendre; ils se moquaient volontiers de ses attitudes apparemment étranges et ne manquaient point de l'attaquer souvent : Claude ne ripostait pas, ayant l'air de ne pas savoir comment se défendre; il se mettait à pleurer et appelait l'adulte au secours. Jusqu'à ce que celui-ci intervienne, le garçonnet subissait passivement les avanies.

En général, il se montrait très inhibé, ne paraissait guère s'occuper de ce qui se passait autour de lui mais vivait le plus souvent tout seul et jouait avec des objets imaginaires.

Au repas, témoignant d'un médiocre appétit au déjeuner de même qu'au dîner, Claude marquait une préférence très nette pour les aliments sucrés et lactés, nouveau symptôme indubitable de son attitude psychique régressive dont une autre marque se retrouvait dans sa prédilection pour le bain et les jeux d'immersion fréquente.

En un mot, ainsi que nous l'avons déjà noté à diverses reprises, le garçonnet, privé des points d'appui et de référence indispensables à la structuration progressive de son moi, ne pouvait échapper à une confusion quasi-totale, source pour lui d'une angoisse non moins profonde, ce qui provoquait une réaction défensive et compensatoire, une attitude psychiquement régressive caractérisée.

Une psychothérapie aurait pu sans nul doute l'aider dans son travail de maturation.

Certaines circonstances extérieures nous ont empêchés de l'entreprendre.

Monique, toute proche de ses onze ans, nous est amenée pour un examen psychologique par sa tante, inquiète comme ses parents devant le caractère « de plus en plus frondeur » de la fillette, auparavant très calme et d'une docilité « exemplaire » !

Monique est une très bonne élève de CM2 et son attitude en classe ne révèle aucune tendance particulière à la contestation !

Elle se prête de bonne grâce à l'examen, demeure très silencieuse et se contente d'un petit sourire ironique lorsque nous lui demandons d'exécuter certains dessins tel, par exemple, le gribouillis ou l'arbre, les yeux fermés... Elle n'émet aucun commentaire mais nous sentons qu'elle n'en pense pas moins !

Très rapidement, Monique laisse transparaître une tendance psychoïde indéniable; très inhibée, elle se réfugie derrière un ensemble de défenses psychiques déjà très structurées ayant sans conteste possible l'aspect de formations réactionnelles très rigides, aux failles fort peu nombreuses.

Ce système défensif, que nous pourrions qualifier d'exacerbé, s'efforce de jouer le rôle d'une barrière devant une angoisse d'autant plus profonde à coup sûr qu'elle n'apparaît guère tant elle est énergiquement refoulée par les structures psychiques censurantes, pourrions-nous dire, que Monique achève de mettre en place avec beaucoup de zèle.

En d'autres termes, ses pulsions primitives sont tenues en laisse et muselées avec une implacable rigueur, toute semblable à celle dont se sont, à coup sûr, servi ses parents pour les dominer à l'époque où Monique n'était encore qu'une toute petite fille.

C'est pourquoi elle adopte une attitude de grande soumission qui n'est évidemment point une marque d'équilibre psychique mais qui apparaît au contraire comme la résultante du refoulement énergique dont nous venons de parler; une telle attitude constitue le symptôme d'une profonde inhibition, d'une structuration peu satisfaisante du moi, source possible d'une névrose ultérieure dont la gravité ne peut être sous-estimée.

Tout en étant, répétons-le, aussi rigide que rigoureux, le système défensif de la fillette ne réussit point encore, toutefois, à réduire entièrement au silence son dynamisme, ce que nous pourrions nommer son désir pulsionnel d'épanouissement : Monique, malgré les marques d'inhibition qu'elle ne cesse de fournir, exprime quelques velléités d'indépendance — certes très timides — vis-à-vis de son entourage familial qui, en raison de son caractère contraignant et rigoureux, ne peut évidemment les admettre et considère dès lors Monique comme devenant dangereusement frondeuse et la conduit en conséquence au psychologue dans la pensée qu'elle emprunte désormais un « mauvais chemin » et s'éloigne toujours plus de la « petite fille modèle » si calme et si docile à laquelle elle s'identifiait auparavant pour la plus grande joie névrotique parentale.

Nous voyons donc que le milieu familial intervertit en quelque sorte ses jugements de valeur : il considère comme *normal* un comportement que nous ne pouvons, pour notre part, en vertu de notre qualification professionnelle, admettre comme tel, et *s'inquiète*, par contre, devant quelques velléités d'autonomie, bien légères encore, qui nous apparaissent, en ce qui nous concerne, comme une réaction fort *saine* devant une entreprise parentale de domination abusive.

Ce n'est d'ailleurs point sans un intense sentiment de culpabilité que la fillette exprime ces velléités d'indépendance.

L'on ne s'étonnera point, au surplus, de voir Monique adopter une position plutôt négative devant sa condition féminine qu'elle n'accepte, inconsciemment, qu'avec peine.

Elle ressent en effet sa mère d'une manière encore très archaïque et la fantasme comme abusive, phallique et castratrice; ces images, quoique de nature prégénitale, évoquent cependant une situation œdipienne qui est loin d'être résolue.

L'*Histoire des Trois Personnages* telle que Monique l'invente, nous en donne une illustration très significative.

« Une petite fille va dans un zoo, nous déclare la fillette. Elle apparte des cacahouettes à l'éléphant. Il lui prend son chapeau. Le gardien intervient et tire de toutes ses forces sur la queue de l'éléphant en essayant de lui faire lâcher prise. »

Elle accompagne cette histoire d'un dessin où l'éléphant sépare, comme une barrière, la petite fille, coiffée d'un chapeau haut-de-forme, d'un gardien tout de noir vêtu et couvert d'une casquette fort plate.

L'on sait que l'éléphant symbolise, en général, pour l'inconscient, une mère vécue comme abusive et castratrice, de type prégénital. Sa trompe, dans cette perspective, devient le phallus fantasmatique maternel qui enlève le chapeau haut-de-forme de la fillette, image symbolique du sexe féminin dans la mesure où un tel chapeau évoque l'aspect d'un vase dont une des fonctions, dans le domaine de l'imaginaire, est de rappeler les organes génitaux de la femme.

Dans le personnage du gardien, « maître » de l'éléphant, il est permis, nous semble-t-il, de voir une figure paternelle, « maître » (au moins d'une certaine manière...) de la mère... Il intervient pour empêcher l'éléphant de décoiffer la fillette, c'est-à-dire, en fait, si nous ne nous trompons pas, pour que sa femme ne déféminise point, ne désexualise point Monique, leur fille...

Sans doute celle-ci projette-t-elle, de cette manière, sur son père ses propres désirs œdipiens ?...

Elle offre, dans l'histoire, de la nourriture à l'éléphant; ne pouvons-nous y voir une expression imagée des relations étroites qui l'unissent à sa mère dans la perspective indubitablement archaïque de l'oralité ?

Cette fillette, dont les caractéristiques psychologiques ne nécessitaient point à nos yeux une intervention psychothérapique au sens strict du terme, nous paraît constituer un exemple significatif de ces enfants « cas-limites » présentant une structure névrotique incontestable, peu apparente toutefois à l'observateur superficiel, structure *en attente*, oserions-nous dire, d'une évolution, d'une crise spectaculaire qu'un événement (apparemment) fortuit pourrait provoquer.

Martial allait avoir onze ans lorsqu'il nous fut présenté. Il vivait à cette époque en institut médico-pédagogique spécialisé dans les troubles psycho-somatiques.

Sa famille se composait d'une sœur, sa cadette d'un an, et de ses parents en instance de divorce.

Son père préférait ostensiblement sa fille; la mère, de son côté, se révélait ambivalente à l'égard de son fils; aucun des deux, semblait-il, n'avait confiance en ses capacités. Peu avant notre premier examen psychologique, Martial confia à l'infirmière de l'établissement une réflexion de ses parents : « Lorsque tu auras seize ans, tu devras quitter la maison et t'engager dans les cadets de la Marine (sic) car nous ne pourrons plus te garder ! »

Dans un tel climat familial, il n'est pas étonnant à nos yeux que nous découvrions dans l'inconscient de Martial le fantasme d'une mère imposante, extrêmement agressive, dévoratrice et castratrice, le fantasme d'une mère très archaïque, de type nettement prégénital, très angoissante pour le garçonnet. Celui-ci, à son tour et comme symétriquement, développe une agressivité non moins violente qu'il s'efforce de juguler tant bien que mal et qui s'accompagne — nul n'en sera surpris — d'une culpabilité intense, source à son tour d'une profonde anxiété.

Plus précisément Martial se montre lui aussi très ambivalent à l'égard de sa mère : il voudrait inconsciemment retrouver le hâvre chaleureux du sein maternel et rester en contact quasi fusionnel avec celui-ci. Mais il se rend compte que cela n'est pas possible.

Dans cette perspective, Martial désire et recherche visiblement un contact rapproché et individualisé avec l'adulte mais il en a peur tout à la fois; il redoute que cet adulte, à l'instar de sa mère, ne lui mette, pour ainsi dire « le grappin dessus » et ne finisse par le rejeter après l'avoir agressé et châtré en une réaction contradictoire du moins en apparence dont Martial, en sa mère, a l'exemple et le modèle sous les yeux.

Plus profondément, nous semble-t-il, le garçonnet éprouve ses relations avec autrui sur un mode essentiellement conflictuel analogue à celui qu'il découvre entre ses parents : « Je voudrais tant que mamant et papa s'aiment » nous déclare-t-il ouvertement au terme de notre premier examen psychologique !

En conséquence, nous ne serons nullement surpris de découvrir au plus intime de son inconscient la conviction de sa non-valeur, de son caractère intrinsèquement mauvais : dans la mesure même où ses parents le repoussent, il ne mérite pas, estime-t-il, l'existence et c'est pourquoi il succombe à la tentation d'une profonde dépression et se montre fasciné devant la perspective de la mort et de l'autodestruction, qui l'attire et l'angoisse tout à la fois. Tantôt, comme nous le verrons ci-dessous, ses fantasmes le font rentrer dans le néant, ardemment désiré autant qu'intensément craint, tantôt, ils le font fuir devant une image maternelle, apparition d'une sorcière dévorante !

Ne se sentant pas aimé, il ne pense pas que l'on puisse lui témoigner une affection sérieuse et s'étonne donc beaucoup, inconsciemment, lorsqu'il se voit l'objet d'une marque d'intérêt de la part d'autrui. Qui plus est (mais pourrons-nous nous en étonner ?), il ne peut souvent éviter de mettre en doute la sincérité de l'adulte lorsque celui-ci lui montre de l'affection ou lui manifeste par son attitude qu'il le prend au sérieux et se révèle disponible à son égard.

En d'autres termes, Martial éprouve de grandes difficultés à nouer une relation avec autrui, une relation stable et, pour ainsi dire, d'égal à égal. Ses rapports avec nous constituent, nous semble-t-il, un exemple significatif de l'ambivalence dont il témoigne en ce domaine : d'une part, son désir de nouer un contact satisfaisant, d'autre part, son angoisse découlant d'une telle situation.

Lors de notre premier examen psychologique, Martial prend l'initiative de nous dessiner l'un et l'autre mais il rate lamentablement son œuvre, du moins l'affirme-t-il.

Le fait qu'il ait choisi un semblable sujet nous semble signifier d'abord qu'il tente en recourant à l'intermédiaire graphique de dédramatiser les relations qu'il vient d'établir avec nous, relations inévitablement angoissantes dans la mesure où elles s'établissent à l'occasion d'un examen psychologique; ne nous demande-t-il pas si ces « papiers (c'est-à-dire ses dessins et les notes que nous prenons) vont être montrés, et ce que nous allons en faire ». Comme nous lui répondons que nous les serrons dans un placard et qu'ils constituent un moyen pour l'aider à sortir de ses difficultés, il nous demande avec une naïveté qui témoigne amplement de son angoisse : « Et quand vous serez mort, que deviendront-ils ? ... »

Ce dessin libre signifie encore, nous paraît-il, son désir de nouer une relation gratifiante avec nous, désir dont nous aurons la preuve à nos yeux ultérieurement lorsqu'il nous offrira, à de multiples reprises, de très beaux dessins qu'il aura exécutés en notre compagnie avec un soin tout particulier en nous faisant promettre de les accrocher tous « aux murs de ta chambre » ainsi qu'il le précise lui-même. Ces dessins ne sont plus ratés comme le premier, échec dû à l'angoisse des relations que nous venions d'établir et dont il ne savait pas alors ce qu'elles lui réserveraient, ce qu'il pourrait en attendre. Après un certain temps, lorsqu'il en eut l'expérience, il se rendit compte que ces contacts n'avaient rien de redoutable pour lui mais qu'ils constituaient au contraire une occasion particulièrement favorable de pouvoir s'exprimer et, ce faisant, de prendre conscience de certaines de ses difficultés psychiques par l'intermédiaire de ses lacunes scolaires, lacunes dont il nous entretint souvent, nous demandant de l'aider à les vaincre; lorsqu'il nous formulait une telle requête, un double désir se manifestait à nos yeux : au niveau du conscient, la volonté d'avoir recours à nous pour devenir un élève plus satisfaisant (aussi bien pour se valoriser à l'égard de lui-même que pour conjurer le rejet parental provoqué par sa « mauvaise qualité »...); au niveau de l'inconscient, le désir de résoudre avec notre aide ses difficultés psychiques, de se mettre à distance vis-à-vis d'elles, de les assumer en conséquence avec autant de courage que de lucidité, sans complaisance.

Nous pensons qu'une brève étude de ces lacunes scolaires et de la manière dont elles se manifestent peut être très éclairante et nous dévoiler plus précisément la nature de certains troubles psychiques de ce garçonnet.

Elle peut aussi — et nous estimons qu'il s'agit d'un point essentiel — illustrer d'une façon extrêmement révélatrice les liens, beaucoup plus étroits qu'on ne l'imagine à première vue, entre certaines difficultés psychologiques d'ordre avant tout affectif et un ensemble bien précis d'échecs, d'une part, dans l'acquisition de l'orthographe de la langue maternelle (en l'occurrence le français) et, d'autre part, dans l'apprentissage des opérations élémentaires du calcul.

Cela nous permettra de découvrir une fois de plus l'influence fondamentale des facteurs affectifs sur l'activité intellectuelle et plus spécialement scolaire de l'enfant, influence que nous ne pouvons méconnaître ou sous-estimer sans courir le risque de rencontrer l'échec dans notre entreprise de rééducation psycho-pédagogique.

Martial nous invita à lui faire faire de nombreuses dictées : « Il faut m'apprendre, nous dit-il, tu me corrigeras, hein ! » Ce que nous faisions bien volontiers... Nous remarquâmes rapidement qu'un même type de faute revenait avec une fréquence toute particulière : Martial, compulsivement, pourrions-nous dire, mettait tout au pluriel : verbes, substantifs, adjectifs...

Nous nous interrogeâmes dès lors sur la signification d'une telle faute si souvent répétée; ce qui nous frappa avant tout, ce n'est point tant sa nature que sa fréquence autant que son aspect compulsif.

Nous nous demandâmes dès lors si cette mise systématique au pluriel n'était pas une sorte de réaction, dans le domaine scolaire et plus spécialement dans celui de l'orthographe de la langue *maternelle* à l'attitude réjectrice de ses parents et plus particulièrement de sa *mère*; angoissé par cette attitude et par l'isolement qui en résultait de même que par le sentiment de dévalorisation personnelle subséquent, Martial tentait, oserions-nous dire, de conjurer le sort, au moins symboliquement, en niant l'*unité*, le *singulier* et en envisageant tout, compulsivement, au *pluriel*.

Au surplus, nous parut-il, quand il nous demandait de le corriger, il ne se contentait pas d'exprimer le souhait *conscient* de nous voir l'aider à résoudre ses problèmes d'orthographe, il nous adressait simultanément la requête *inconsciente* de lui prêter notre concours afin de lui permettre d'avoir le courage d'assumer cette *unité* angoissante, signe d'isolement en vue, tout à la fois, d'accepter — au moins d'une certaine manière — le rejet parental et de se reconnaître comme *unité autonome*, conséquence d'une prise en charge personnelle après qu'il eût trouvé les points de repère et d'appui indispensables, la stabilité et la permanence de ceux-ci ayant été au préalable vérifiées et mises à l'épreuve par lui-même.

Mais il ne se contentait pas de nous demander bon nombre de dictées, il nous chargeait aussi de le faire calculer...

Nous lui proposions dès lors d'effectuer un grand nombre d'exercices sur les trois premières opérations fondamentales : addition, soustraction, multiplication...

S'il réussissait sans trop d'erreurs additions et multiplications à plusieurs nombres pour celles-là et à plusieurs chiffres pour celles-ci, il se montrait par contre tout à fait incapable d'effectuer sans faute la soustraction la plus simple du type 4 — 3.

Lorsqu'il additionnait, il nous disait sans la moindre hésitation et en ne se trompant *jamais* que quatre était plus grand que trois.

A l'inverse, au moment où il devait soustraire, il hésitait, balbutiait et finissait par nous déclarer que trois était plus grand que quatre, cela : *deux* ou *trois minutes* après nous avoir affirmé le contraire lors d'une addition.

Cette alternance d'erreur et de vérité, selon qu'il s'agissait d'une soustraction ou d'une addition, alternance se manifestant en un très court laps de temps et se renouvelant avec beaucoup de constance, nous surprit d'abord et nous incita à en rechercher la signification.

Il nous parut bientôt qu'elle n'était point le fait du hasard, dans la mesure où la soustraction par définition même symbolisait l'isolement, le rejet, la diminution... Dès lors, Martial, fort sensible — nous l'avons vu — en ce domaine, se révélait incapable non seulement d'acquérir le mécanisme opératoire de la soustraction mais encore de se souvenir de la valeur relative des chiffres fondamentaux les uns vis-à-vis des autres, valeur qu'il connaissait toutefois fort bien et à propos de laquelle il ne se trompait *jamais* lorsqu'il s'agissait d'une addition.

Le fait d'être *soustrait* à l'amour de ses parents par ceux-ci eux-mêmes, la menace d'être *soustrait* dans un avenir plus ou moins proche au milieu familial (le couple parental, souvenons-nous en, lui avait déclaré qu'il ne pourrait le garder et qu'il fallait, en conséquence qu'il s'engageât dans la Marine...), l'angoisse devant la *soustraction* — au moins symbolique — de sa virilité, œuvre d'une mère castratrice, le désir de *se soustraire* — dans une certaine mesure certes mais d'une manière indubitable — aux relations avec autrui vécu comme foncièrement hostile et dangereux, tout cela faisait en sorte que le garçonnet ne *pouvait,* lorsqu'il s'agissait d'une soustraction mathématique, mettre en œuvre, d'une part, ses possibilités d'abstraction, efficaces pourtant en d'autres circonstances, et ses connaissances arithmétiques, tout aussi réelles et dont il disposait avec beaucoup d'aisance, d'autre part.

En fait, les troubles psychiques de Martial et plus spécialement ce que nous pourrions nommer ses carences

affectives (encore une espèce de *soustraction...*) exercent
une influence déterminante (par blocage et inhibition) sur
son activité intellectuelle, aussi bien en ce qui concerne
l'apprentissage orthographique de la langue maternelle
qu'en ce qui se rapporte à l'application de certains mécanismes opératoires en mathématiques.

En d'autres termes, ces mécanismes de même qu'une
espèce précisément déterminée de fautes d'orthographe
acquièrent pour l'inconscient de Martial une valeur en
quelque sorte symbolique et sont dès lors frappés d'interdit
(les premiers) ou effectués d'une manière compulsivement
répétitive (la seconde); les troubles qu'ils représentent dans
la sphère intellectuelle constituent, pourrions-nous dire, les
signes ou les symptômes d'autres difficultés de nature plus
spécifiquement psychologique relevant du domaine affectif
dans la mesure où celui-ci se trouve à la racine de toute
activité cognitive incapable de s'exercer sans l'intervention
de points d'appui et de référence spatio-temporels qui lui
sont fournis par la sphère affective si tant est que les relations que le jeune enfant noue ou entretient avec son milieu
éducatif (plus spécialement familial) lui permettent, d'une
part, de se situer dans l'espace et le temps et lui donnent
l'occasion, d'autre part, de se constituer des modèles et des
points d'appui qui lui permettront non seulement de ne
point se perdre dans le labyrinthe du monde extérieur mais
encore de décoder, de décrypter, en quelque sorte, les
messages de ce monde extérieur en établissant un réseau
plus ou moins dense d'analogies, de similitudes, de différences et de contradictions entre le cercle restreint mais
primordial de son milieu familial et l'univers plus large qui
l'entoure, éclairant et explorant le second en référence
continuelle à ce qu'il connaît du premier, en référence

toujours renouvelée à la manière dont il éprouve affectivement celui-ci.

Mais ces troubles de la sphère intellectuelle ne se limitent
pas seulement à ce rôle de signe ou de symptôme; leur
spécificité (toujours très précise) n'évoque pas uniquement
un type tout aussi rigoureusement déterminé de difficultés
affectives; ils constituent en même temps, d'une part, une
manière pour Martial de s'exprimer, de se manifester tel
qu'il est dans ses caractéristiques psychiques plus ou moins
perturbées et, d'autre part, une façon d'appeler, pour ainsi
dire, à l'aide, d'adresser, tout au moins, une espèce de
message à autrui en vue de lui indiquer en quelque sorte
ce qu'il est, psychologiquement parlant.

Mais le garçonnet semble douter qu'un tel message puisse
être réellement compris par l'adulte auquel il s'adresse. Plus
exactement, nous semble-t-il, Martial nous donne souvent
l'impression d'avoir le sentiment que ses rapports avec le
monde extérieur demeurent peu compréhensibles à ses
propres yeux comme à ceux d'autrui : c'est peut-être ce
que veut signifier une habitude dont il témoigne d'écrire,
comme il dit, « en chinois » ! Souvent, en effet, il trace,
d'une plume légère et rapide, à notre intention, un ensemble
de signes assez bien imités de l'écriture chinoise dont il a
pris connaissance, me déclare-t-il, « dans un livre d'histoire » ! Ce faisant, il traduit, à mi-voix, ce qu'il graphie
mais son langage demeure *indistinct* et *incompréhensible*;
lorsque nous lui signalons que nous ne le comprenons point,
il se répète docilement mais ses paroles demeurent tout
aussi balbutiées et totalement confuses... Il semble, à ce
moment, vouloir abandonner toute communication réellement compréhensible et se complaire en un monde clos,
coupé de l'extérieur, un monde dont il possède, oserions-

nous dire, une clé sans savoir vraiment si elle convient ou non, s'il est capable de s'en servir, si, en d'autres termes, il peut se comprendre lui-même et se situer, tel qu'il se découvre, tel qu'il est, vis-à-vis d'autrui. Le caractère *occultant*, pourrions-nous dire, de cette écriture « chinoise » nous fait penser à un symptôme, certes léger, de psychotisme dans la mesure surtout où cette graphie « orientale » présente un aspect fortement stéréotypé et répétitif.

Mais il nous semble que cette habitude scripturaire possède d'autres significations, complémentaires plutôt qu'opposées à la première.

Nous dirons d'abord que cette coutume, dans la mesure où Martial, d'une part, ne l'utilise qu'avec nous et nous précise, d'autre part, — cette fois en langage clair... — qu'il en fait usage pour que ses camarades « les autres : Eric, Diego, Jean-Pierre... ne comprennent pas ce qu'il nous dit », cette coutume, donc, vise à établir entre Martial et nous-même, un contact exclusif et privilégié, qui doit demeurer incompréhensible aux « autres » et leur échapper en conséquence, c'est-à-dire rester *à l'abri* et hors de portée de leurs attaques (souvenons-nous que le garçonnet ressent les relations humaines comme essentiellement conflictuelles : il nous déclare d'ailleurs explicitement qu'il *doit* nous écrire en « chinois » car s'il le faisait « en clair » ses compagnons sus-nommés le « disputeraient »; à notre question de savoir pourquoi, il se met à bredouiller d'un ton cependant très convaincu !... Notons en outre (et ce point nous semble tout de même essentiel) que deux des trois garçons qu'il vient de nommer — Eric, Jean-Pierre — bénéficient, tout comme Martial, d'un contact régulier avec nous : il ne fait donc pas de doute, à nos yeux, que l'attitude du garçonnet est inspirée — inconsciemment — par la jalousie, par l'angoisse découlant du fait que ses relations avec nous ne sont point exclusives et qu'il nous partage, pour ainsi dire, avec deux autres (le troisième nommé : Diego, l'étant pour « brouiller les pistes » dans la mesure où nous n'avons guère de contact approfondi avec ce garçon...). Aussi bien pour *se protéger* de Jean-Pierre et d'Eric — qu'il devine aussi *jaloux* que lui : en quoi il a raison pour le premier nommé... — que pour maintenir *malgré tout* une relation privilégiée avec nous, c'est-à-dire inaccessible parce qu'incompréhensible aux deux autres, il invente cette écriture « chinoise » et l'utilise largement à chacune de nos rencontres.

Ce langage nous demeure toutefois incompréhensible à tous deux dans la mesure où, d'une part, répétons-le, Martial doute qu'il puisse se définir en quelque sorte lui-même d'une manière réellement explicite, craignant en outre que nous ne soyions point capable de le comprendre, dans la mesure où, d'autre part, croyons-nous, il redoute la clarté de ce langage issu des profondeurs de son inconscient et dont il sait qu'il en apprendrait certaines *vérités* qu'il ne peut encore — la force lui manquant — affronter en toute lumière et en toute lucidité.

Dans la mesure, enfin, où Martial, en fait, crée tout à la fois le vocabulaire et la syntaxe de cette écriture « chinoise » qu'il *sait,* au fond, être « de fantaisie », dans la mesure, en conséquence, où il en est le maître, inventant *à sa guise* (du moins, le croit-il) la signification de ce langage, il en tire, pensons-nous, une compensation en tant qu'il jouit (estime-t-il...) d'une liberté complète dans l'élaboration d'un tel langage, ce qui n'est évidemment pas du tout le cas lorsqu'il est confronté avec les moyens de communication — scripturaire et verbal — qu'utilise autrui pour entrer en relation avec lui et qu'il est lui-même contraint d'employer à son tour, ne sachant pas très bien d'ailleurs, d'une part, ce qu'ils signifient exactement et, d'autre part, comment s'en servir sans risque et avec efficacité.

En d'autres termes, nous semble-t-il, ce langage « chinois » possède, pour l'inconscient, quelque résonance *magique* qui lui permet, au moins fantasmatiquement, de *se persuader* qu'il peut *tout de même,* lui, Martial, manier un moyen de communication qui lui échappe certes partiellement encore (nous l'avons vu) mais qu'il contrôle malgré tout beaucoup mieux que les autres ayant cours entre autrui et le garçonnet au sein d'un monde extérieur où Martial se sent, profondément « hors du coup » et avec lequel il se trouve tout aussi indéniablement « désaccordé » !

Cet hiatus prend sa source, avons-nous vu, au moins partiellement, dans une image maternelle de type encore très archaïque.

Nous en donnerons deux exemples, recueillis à huit mois d'écart.

Il s'agit, à chaque fois, d'une histoire que nous lui proposons de compléter (un peu à la manière des fables de Düss) sans que nous considérions cette activité comme un test psychologique au sens strict du terme mais plutôt comme un jeu dialogué où nous nous renvoyons en quelque sorte la balle, alternativement.

Le début de l'histoire fut, dans les deux cas, identique, pour notre part : « Un garçon se promène en forêt; il s'éloigne et s'enfonce si loin de l'orée du bois qu'il s'égare; la nuit tombe; il découvre enfin au centre d'une clairière une petite maison; il frappe à la porte; une femme lui ouvre et l'invite à entrer... ».

La première fois, Martial enchaîne aussitôt : « Elle lui propose de manger puis d'aller dormir. Elle lui dit de dormir tout de suite. Il se sauve : il a peur de la dame, qu'elle le garde longtemps. Il veut retrouver très vite ses parents; il a retrouvé son chemin. Il retrouve ses parents. La dame n'était pas méchante mais il avait peur tout de même ».

Très angoissé aussitôt après ce récit, Martial, se trémoussant sur sa chaise plus compulsivement encore que d'habitude, interrompt subitement le jeu et s'adonne, en un élan impulsif, à diverses cabrioles sur le tapis de la pièce comme s'il voulait par une débauche motrice chasser les fantasmes angoissants qu'il vient de mettre au jour. Cette décharge gestuelle, particulièrement intense, nous parut comme une tentative que nous pourrions peut-être qualifier de *désespérée* pour se libérer des liens qui l'emprisonnent à sa mère vécue comme possessive et surtout castratrice, décharge gestuelle ayant dans cette perspective une valeur symbolique et correspondant sur le plan moteur à la fin du récit où l'on voit le garçonnet s'enfuir, *happy end* visiblement élaboré pour combattre une angoisse inconsciente intolérable.

Huit mois plus tard, un thème identique est proposé par nos soins à Martial qui enchaîne aussi rapidement que la première fois : « La femme lui donne à manger. C'est une sorcière. La nourriture est mauvaise. Le petit garçon va mourir ».

Martial demeure très calme et nous pose alors une question : « Dis, une sorcière, est-ce qu'elle existe ?». « Mais non, répondons-nous, c'est une invention ». « Pourquoi ? — Pour désigner une personne méchante, une femme qui est mauvaise ! — Ah oui !... ». Martial réfléchit alors durant quelques secondes puis reprend : « Dis, dans l'histoire, c'est tout de même une sorcière, tu sais, oui, oui !... ».

Cette conclusion nous paraît importante car elle constitue à nos yeux, de la part du garçonnet, une identification fort claire quoique toujours imagée de la femme mauvaise à sa mère, identification pour ainsi dire consciente; il a désormais le courage de pouvoir se l'exprimer à lui-même; il ne fuit pas comme la première fois devant une découverte qui ne lui est plus insupportable, il n'éprouve plus la nécessité compulsive de combattre une anxiété trop intense par une décharge motrice plus ou moins incontrôlée et continue le jeu sur lequel d'ailleurs nous reviendrons bientôt.

Et cependant la conclusion de la seconde histoire se révèle apparemment beaucoup plus pessimiste que la précédente puisque, cette fois, « le petit garçon va mourir ! ».

Remarquons d'abord qu'en fait, la conclusion implicite du premier thème allait dans un sens analogue mais l'inconscient de Martial n'avait pas eu le courage de la fantasmer et encore moins de l'exprimer. C'est pourquoi il avait inventé cette fin « heureuse » en réaction défensive, avons-nous vu, contre son angoisse.

Notons en outre qu'entre les deux versions, le garçonnet avait peu à peu découvert que la mésentente entre ses parents se faisait toujours plus grave jusqu'à déboucher sur la mise en route de la procédure conduisant au divorce. Pour lui qui affirmait lors de notre première rencontre « J'aimerais tant que maman et papa s'aiment », cette perspective de séparation définitive devait être très pénible à supporter et constituer un choc psychique fort grave.

Observons tout de même, répétons-le, que Martial est demeuré au terme du second récit, très calme contrairement à ce qui s'était passé la première fois.

Il n'est pas superflu, nous semble-t-il, d'indiquer ici quelle a été sa réaction au thème que nous lui avons proposé immédiatement après celui que nous venons d'étudier.

Ce nouveau thème se présentait ainsi : « Un petit garçon se trouve tout seul dans un coin de la cour de récréation, à l'écart des autres qui ne jouent point avec lui... ». Martial, dès que son tour vint de poursuivre, demeura silencieux durant un moment puis : « Je ne peux pas savoir », nous dit-il dans un souffle...

Il ne pouvait savoir à coup sûr pourquoi ce petit garçon se trouvait seul, à l'écart des autres. Il manquait encore en effet de force et de confiance en lui-même pour oser regarder en face, en l'exprimant, le cœur même de ses difficultés psychologiques : la triste vérité du rejet parental; en d'autres termes, ce qu'il savait inconsciemment, il n'avait pas encore le courage de le verbaliser, de l'admettre en fait et de l'assumer pour ainsi dire.

Par contre, le thème suivant lui permit de retrouver l'usage du fantasme, ce thème que nous lui proposâmes en ces termes : « Un petit garçon dit un jour à l'un de ses petits camarades : Viens, je vais te montrer quelque chose mais il ne faudra le raconter à personne, c'est un secret entre nous deux... ».

Martial nous déclara simplement : « Le premier petit garçon dit au second qu'il a commis un vol ».

Il lui était plus facile en effet de s'identifier, en l'exprimant, à un voleur que de reconnaître ouvertement le rejet parental dont il était la victime car dans le premier cas il ne faisait que manifester par l'intermédiaire du fantasme ce qu'il ressentait au plus intime de lui-même, c'est-à-dire la conviction d'être un « mauvais sujet », une « non-valeur », ce qui avait l'avantage, au surplus, d'*expliquer* ou de *justifier* le rejet parental...

Se mettre en cause lui demeurait permis, surtout pour se dévaloriser; par contre, mettre en cause papa et maman lui était, inconsciemment, strictement défendu comme source d'angoisse culpabilisée et peut-être aussi comme compensation aux mouvements agressifs qu'il se permettait, entre autres, à l'égard de son père lorsqu'il refusait d'écrire au début de ses lettres « Cher Papa » !

Quoi qu'il en soit, Martial, en l'espace de quelques mois, se libéra, d'une certaine manière, bien que très relativement encore, d'une mère vécue comme « mauvaise » au sens kleinien du terme.

Nous allons brièvement en donner trois exemples.

Martial nous dessina, de quatre en quatre mois environ, un thème identique : « Une maman et son petit garçon ».

La première œuvre représentait une énorme *mama,* plantureuse, imposante et pleine d'assurance mais tronquée à partir du ventre, traînant derrière elle sans le regarder un bébé minuscule et tout à fait « mal fichu ». « La maman et le petit garçon ne se disaient rien » !

Quatre mois plus tard, le thème réapparut. Martial dessina cette fois la mère en entier toujours assez imposante et fort autoritaire dans une proportion moindre toutefois par rapport à l'œuvre précédente. Il la représenta au surplus de guingois, quelque peu contrefaite mais avec une poitrine abondante, les seins — rebondis — étant indiqués avec une netteté indiscutable ! Le petit garçon se révèle toujours « mal fichu » mais il se tient plus ferme sur ses jambes et sa taille n'est plus celle d'un bébé ! « Il a cinq ans », nous dit Martial ! Il nous précisa ensuite les paroles que la mère adressait à son fils : « Tiens-toi sage ! ». A quoi le garçonnet répondait, laconique : « Oui » !

Cinq mois plus tard encore, nouvelle émergence du thème. Martial, cette fois, représenta une mégère, en entier mais les pieds sectionnés et les bras collés au corps, à peine esquissés. Cette mère, vue de profil, n'avait plus rien de plantureux, sauf la poitrine encore assez proéminente; son faciès rébarbatif se détournait ostensiblement du garçonnet, représenté de face, les pieds coupés eux aussi et les bras (dépourvus de mains) coïncés sous les bretelles du pantalon; le visage, aux yeux et à la bouche démesurés, s'entourait d'une épaisse chevelure disposée en épis très agressifs. « Le petit garçon a cinq ans », nous dit Martial. La maman lui déclare : « Viens ! Mais le petit garçon fait la tête... » !

Cette brève description indique déjà fort clairement, nous semble-t-il, l'évolution qu'a suivi Martial en neuf mois.

Nous voyons d'abord une mère très plantureuse et autoritaire, tenant serré contre elle mais ne le regardant point, un bébé impuissant et réellement inachevé, qui entretient avec elle des relations encore très fusionnelles et foncièrement ambivalentes. Il s'agit du bébé « prisonnier » tout à la fois heureux et malheureux de l'être !

Le dessin suivant montre de profondes modifications; la mère apparaît sous des traits beaucoup moins abondants même si sa poitrine reste généreuse! Contrefaite, de guingois, elle offre une silhouette nettement plus négative; nous lui reconnaissons déjà quelques signes de la « mauvaise mère » toujours au sens kleinien du terme ! Le petit garçon, pour sa part, a grandi : il n'est plus un bébé et se pose avec une certaine fermeté à côté de sa mère. Il lui obéit encore mais avec réserve, nous semble-t-il : son « oui » est fort bref; il ne s'accompagne pas du « maman » que la plupart des enfants « bien élevés » ajoutent...

Martial exprime ici tout à la fois un fantasme beaucoup plus négatif de sa mère et une relation également plus agressive de sa part à lui : progression incontestable dans la mesure où nous pouvons y déceler une mise à distance vis-à-vis du personnage maternel de même que le courage d'oser l'exprimer.

Le troisième dessin témoigne d'une évolution plus grande encore : la mère apparaît cette fois comme une « mégère » incontestable — seule une poitrine légèrement rebondie rappelle le souvenir de la *mama* plantureuse de la première œuvre —; agressive, difforme, pieds et mains coupés, elle se sépare et se détourne ostensiblement de son fils même si elle lui ordonne de venir ! Le garçonnet, pour sa part, bien que toujours « mal fichu » et « invalide » (lui aussi a les bras et les pieds coupés, les bras coïncés au surplus sous les bretelles de son pantalon !) se révèle beaucoup plus agressif et confiant en sa force (sa chevelure abondante, symbole traditionnel de puissance !); il ne répond rien, cette fois, à sa mère mais manifeste ouvertement sa mauvaise humeur en boudant.

Cette image maternelle très archaïque vis-à-vis de laquelle Martial prend d'ailleurs, nous venons de le voir, de plus en plus de distance, n'empêche pas que nous ne découvrions aussi certains aspects plus évolués des relations psychiques de l'enfant et de sa mère, nous voulons parler du stade œdipien.

Celui-ci apparaît indubitablement, nous semble-t-il, dans un dessin que Martial exécuta dès le début de nos rencontres.

Il s'agit de deux personnes, une « dame » et un « jeune homme ». La dame, l'air très méprisant, l'allure pincée, se détourne du jeune homme. Celui-ci, un bouquet de fleurs à la main, a le visage disgracieux; ses bras demeurent collés au corps et l'ensemble de sa silhouette est plus esquissée que fermement tracée; il en va de même, d'ailleurs, pour la dame; tous deux sont représentés tronqués, sans jambes.

Martial accompagne son dessin du commentaire suivant :
« C'est deux amoureux ! La dame se croit belle ! Elle
n'aime pas le monsieur ! Le monsieur est furieux parce
qu'elle ne veut pas aimer le monsieur ! Le monsieur s'en
va ! Il avait des fleurs cachées ! ».

Diverses significations complémentaires mais non contradictoires peuvent être attribuées à ce dessin.

Nous pouvons y voir d'abord une allusion aux relations
conflictuelles existant entre les parents du garçonnet, à leur
mésentente que Martial supportait si difficilement.

Il nous semble cependant qu'une semblable interprétation, tout exacte qu'elle puisse être, n'épuise nullement
la signification de cette œuvre.

Les deux personnages que nous y découvrons ne
peuvent-ils s'identifier, pour l'inconscient du garçonnet, à
sa mère et à lui-même; ce dessin n'est-il point une traduction fantasmatique de la tentative qu'effectue le psychisme profond de Martial en vue de résoudre les conflits
de la situation œdipienne ? Ne projette-t-il pas sur sa mère
ses propres défenses d'origine surmoïque ? Plus exactement
sans doute, cette projection n'est-elle point facilitée par
l'attitude maternelle réjectrice telle que le garçonnet
l'éprouve ?

En d'autres termes, ce dessin n'est-il pas, pourrions-nous
dire, le support fantasmatique unique, le lieu de rassemble-
ment de divers affects psychiques de Martial, qui les
exprime tous, d'une certaine façon, chacun dans sa perspective propre de telle sorte qu'ils n'entrent point en
contradiction les uns avec les autres ? Cette confluence de
significations, si paradoxale ou contradictoire qu'elle puisse
paraître dans l'optique d'une logique strictement rationnelle,
constitue un phénomène assez courant en ce qui concerne
la sphère de l'inconscient.

L'analyse que nous venons de présenter, si lacunaire qu'elle soit, dans la mesure, entre autres, où nos contacts avec Martial se révèlent encore assez récents, nous apprend toutefois, ce nous semble, qu'un enfant, retardé scolaire assez considérable pour être considéré à première vue comme un débile mental, n'en témoigne pas moins, d'une part, d'une profonde lucidité sur ses difficultés et particularités psychologiques et d'une capacité tout aussi remarquable de les exprimer, d'autre part, dès que les circonstances lui permettent d'entrer en relation avec un adulte qui lui apparaît favorablement disposé à son égard.

L'enfant peut dès lors heureusement progresser, dans l'ambiance globalement psychothérapique de l'établissement où il séjourne, cette ambiance ayant à nos yeux une influence bénéfique très considérable.

D'intelligence normale, Fabienne, à dix ans, vivait depuis plusieurs années dans un internat.

Sa famille, en effet, ne pouvait l'héberger : sa mère ayant quitté le domicile conjugal et son père devant travailler. Elle était leur fille unique.

Sans avoir de difficultés psychologiques très apparentes ou considérables, Fabienne se montra toutefois affectivement fort fragile au terme de l'examen psychique que nous effectuâmes sur sa demande...

Initialement, il n'était point prévu que nous l'axaminions mais les contacts que nous avons eux avec une de ses petites camarades, à laquelle elle était particulièrement liée déclenchèrent de la part de Fabienne aussi bien une violente crise de jalousie à l'égard de sa compagne qu'une demande formelle d'entrer en rapport avec nous...

Comme, d'une part, sa situation familiale nous incitait à penser que cette fillette devait souffrir d'une incontestable carence affective, comme, d'autre part, son comportement jaloux exigeait, dans la mesure de sa violence même, qu'on le prît sérieusement en considération, nous résolûmes d'accéder à sa demande et de nouer une relation assez régulière avec elle.

Les résultas de l'examen confirmèrent nos hypothèses : Fabienne témoignait d'une profonde carence affective; elle demeurait encore sous l'emprise de pulsions prégénitales intenses, de type oral aussi bien que sadique-anal qu'elle contrôlait fort mal et c'est pourquoi, entre autres, elle offrait une très faible résistance à la frustration, ne la tolérant en fait pas du tout et se révélant en ce domaine extrêmement quémandeuse, d'une manière d'ailleurs foncièrement puérile autant qu'excessive.

L'image maternelle qu'elle nous dévoila se montra, de même, très archaïque, essentiellement centrée sur l'alternance ou le dilemme « bonne mère/mauvaise mère » tel qu'on le trouve dans une perspective kleinienne.

Au surplus — et nul, sans doute, ne s'en étonnera — elle manquait de points de repère et de référence en cette matière; il en allait de même en ce qui concernait l'image paternelle : la situation se révélait d'autant plus complexe que Fabienne, malgré ses dix ans, n'avait guère encore réussi à résoudre les difficultés de la situation œdipienne.

En conséquence de tout ceci, la fillette se sentait, pourrions-nous dire, « fort mal dans sa peau »; une profonde angoisse la minait, qu'elle tentait de (se) dissimuler sous le masque d'une allure primesautière, quelque peu désinvolte, qui ne constituait, au fond, qu'une réaction défensive et qui cédait d'ailleurs assez rapidement devant une exigence — énergiquement exprimée — d'une relation affective de type très primitif ou devant une attitude agressive impulsivement manifestée en réponse à la plus mince des frustrations.

Accompagnant cette angoisse, se développait une culpabilité non moins intense, réaction traditionnelle à la conviction inconsciente qu'avait Fabienne d'être « mauvaise », « sans-valeur », sentiment d'infériorité personnelle qui déclenchait au niveau fantasmatique une réaction compensatoire où l'on voyait Fabienne se présenter sous les traits les plus avenants et dans les situations les plus brillantes non sans, toutefois, que fût présent, tantôt au début, tantôt à la fin, l'échec fondamental, cet échec que Fabienne croyait inconsciemment lui être intrinsèquement attaché.

En d'autres termes, Fabienne se sentait sans cesse « sur la corde raide »; elle ne savait pas très bien où elle en était, ce qu'elle recherchait, ce qu'elle était elle-même en définitive.

Lors de nos premiers contacts, elle exprima fort clairement, et d'emblée, l'origine, nous semble-t-il, de ses difficultés psychologiques.

Nous avons reçu de la fillette un dessin représentant une famille « inventée » qu'elle accompagna du commentaire : « La mamant dit : — Nous sommes des clowns ! Qui êtes-vous ? Le monsieur — le papa — dit, en colère : — Vous avez une tête de singe ! Si vous n'êtes pas contents, partez ! Les enfants, et tout le monde, va se battre ! La maman va partir ! »

La graphie de ce dessin est caricaturale et extrêmement simpliste; les parents, gigantesques, encadrent les enfants — forts petits —, au nombre de six.

Deux thèmes, nous semble-t-il, sous-tendent ce dessin.

Le premier se rattache à la déclaration maternelle « nous sommes des clowns ! » Ne pouvons-nous y voir l'expression d'une dévalorisation de la condition féminine ou plus exactement sans doute de Fabienne elle-même par le biais d'une identification à sa mère, identification dont d'autres documents nous donnent de multiples exemples.

La question suivant la déclaration maternelle nous paraît elle-même très significative; « Qui êtes-vous » s'adresse aussi bien, selon la perspective que l'on adopte, au personnage masculin et à autrui en général s'il est vrai que Fabienne s'interroge tout à la fois sur le sexe opposé et, d'une manière plus fondamentale, sur autrui entendu en son sens global, dans la mesure où, nous l'avons vu, elle manque de points de référence par rapport au monde extérieur et ne sait pas qui est qui, à commencer par elle-même.

Enfin, ne pouvons-nous y voir une allusion fort claire aux relations conflictuelles des parents de la fillette puisqu'elle nous déclare en guise de conclusion à son commentaire de l'œuvre : « Tout le monde va se battre; la maman va partir »; ce qui s'est réellement produit.

Les problèmes de situation par rapport aux autres et de relations avec ceux-ci, qui se posent à Fabienne, problèmes que nous avons déjà signalés ci-dessus, prennent une acuité, nous semble-t-il, toute particulière dans un récit que la fillette élabore après avoir accepté, comme début de conte, le thème que nous lui avions proposé en ces termes : « Une petite fille rentre de l'école à la maison; elle y cherche sa maman mais ne la trouve nulle part... »

Fabienne a enchaîné tout aussitôt : « La maman est partie pour aller la chercher à l'école mais la petite fille est déjà partie (quand la maman y arrive). La maman rentre (chez elle) mais ne voit plus la petite fille qui allait (sic) la chercher ailleurs. La maman avertit la police : « La petite fille était à l'école; elle s'appelle Marie-Agnès. » La petite fille est dans la classe. La maman voit sa fille. Elle prend sa fille et paie la police parce qu'elle (la police) s'est dérangée pour rien. Elle (la maman) donne une bonne fessée à Marie-Agnès, lui prend ses bonbons et lui donne une seconde fessée, déculottée, parce que Marie-Agnès avait pris de l'argent à sa maman... »

Fabienne accompagne ce récit d'un petit dessin où l'on voit la maman administrer la fessée à Marie-Agnès; la fillette écrit alors ce que la première déclare à la seconde tout en la corrigeant : « Pan, pan, vilaine !... »

Nous remarquons d'abord qu'au début du récit, Fabienne et sa mère se cherchent mutuellement mais ne se trouvent point d'abord. Il y a une espèce de malentendu entre elles. Toutes deux vont de l'école à la maison et vice versa et se manquent jusqu'à ce qu'enfin la mère découvre sa fille à l'école, c'est-à-dire en définitive que la mère se déplace vers la fille et quitte la maison constituant, pourrions-nous dire, son port d'attache, pour se rendre à l'école, où la petite fille a, en quelque sorte, établi ses pénates, peut-être pour se protéger de l'emprise maternelle. La mère punit sa fille alors qu'apparemment il n'y a eu qu'un malentendu et que Fabienne dès lors n'a commis aucune faute; si la fillette a introduit ce châtiment, c'est donc qu'en fait, même si le récit ne l'exprime par ouvertement, le désir de fuir la mère existe bien, inconsciemment, chez Fabienne, ce qui entraîne un sentiment indéniable de culpabilité et le besoin subséquent d'être punie.

Deux conclusions s'imposent, nous semble-t-il, à ce stade de notre analyse :

La mère et la fille ne parviennent que très difficilement à entrer en relation, lorsqu'elles y réussissent, leurs rapports possèdent un caractère indubitablement conflictuel et, de plus, la fillette est présentée comme coupable, subissant dès lors une punition qui est considérée comme juste.

En outre, la mère apparaît comme possessive vis-à-vis de sa fille dans la mesure où, de toute évidence, la fillette la décrit comme lui interdisant toute manifestation d'indépendance sous peine de correction.

Mais, nous dira-t-on, Fabienne, dans ce récit, ne donne pas à sa jeune héroïne son propre prénom mais celui de sa meilleure amie, celle dont elle se montre justement particulièrement jalouse !

Nous sommes les premiers à reconnaître qu'au niveau conscient, Fabienne, pourrions-nous dire, « règle ses comptes » avec sa compagne en la « condamnant » à une double fessée dont la seconde lui est administrée « déculottée » précise sadiquement la fillette ! [1]

Mais il n'en reste pas moins vrai que beaucoup d'indices (que nous ne pouvons indiquer tous ici) nous incitent à penser que Fabienne s'identifie étroitement à Marie-Agnès et qu'*en retour*, celle-ci lui sert en quelque sorte de porteparole ou de prête-nom. Ici même, les relations entre la mère et la fille renvoient quasi explicitement aux rapports que nouent Fabienne et sa génitrice tels que l'anamnèse familiale peut nous les faire connaître, tels aussi que l'examen psychologique nous les a révélés.

Un autre récit, que nous allons maintenant analyser brièvement, exprime une idée analogue et nous fournit, au surplus, un exemple de l'activité fantasmatique de Fabienne en compensation à son propre sentiment de dévalorisation personnelle.

Nous lui avions proposé le thème suivant qu'elle a aussitôt accepté : « Une petite fille se promène en forêt. Elle s'y perd. La nuit tombe tandis qu'elle découvre une maisonnette; elle frappe à la porte; une femme l'invite à entrer... »

Fabienne a continué d'emblée : « La dame est une

---

[1] Avec une note *érotique* indéniable...

sorcière très méchante. » — Que fais-tu dans mon bois, petite ? — Je suis perdue. J'ai été d'un autre côté que mes pas (*sic*). Alors la sorcière dit : Tu vas me faire mon ménage ! La petite fille le fait puis appelle au secours. Personne ne l'entend. La sorcière la reprend au lasso ! Il y avait une sonnerie à la porte; la petite fille l'enlève et met une boîte de conserve à sa place. Dans la cabane, il y avait trois plats et quatre verres sur la table. Dans la cave il y avait des cases avec des bouteilles de vin. Sous la maison, elle voit une autre porte (elle l'ouvre); il y avait des bijoux et une robe de princesse. La petite fille s'étonne. A côté de la robe, une échelle. Le petite fille remonte. La sorcière méchante revient du marché. La sorcière voit la vaisselle (*sic*). Dans la cour, un puits. La petite fille ne le savait pas. Elle découvre le puits. Dans la soupente, deux lapins, un canard sont pendus pour être mangés. La mari de la sorcière, l'ogre, revient. Tout le monde dort. La petite fille ne dort pas. Elle se lève de son lit de paille. Elle voit dans les nuages une belle fée qui dit : « Que fais-tu dans cette forêt ? » La fée dit : « Monte sur un nuage et je te délivre. » Mais la petite fille dit : « Je dois redescendre pour aller voir dans la cave les bijoux et la robe de la princesse. » La fée y va avec la petite fille. Elle met la robe. Il y a de grandes fêtes. La sorcière était malade. Un prince est vu par la fée qui lui demande de l'épouser. Il dit oui. La sorcière était folle; la petite fille était bien contente parce que la sorcière lui demandait pardon. La petite fille avait une belle robe qui eut (*sic*) le prince ! Ils se marièrent et eurent beaucoup d'enfants ! Ils vont dans leur château... »

Fabienne agrémente ce récit de trois dessins.

Le premier représentait la maison de la sorcière avec sa cave, et le puits ! Cette maison ne tenait pas pièces ensemble !

Le second mettait en scène la fée et la petite fille, la première de profil vers la seconde, de face. Chacune était coiffée d'un chapeau très pointu !

Le troisième enfin représentait la petite fille et le prince, celui-ci étant pour ainsi dire enveloppé dans la robe frou-froutante autant qu'évasée de la fillette !

Il ne faut point, pensons-nous, se laisser trop obnubiler par l'incohérence apparente de ce récit particulièrement elliptique en certains de ses passages.

Nous estimons, pour notre part, qu'il dénote au contraire une structure fort logique pour autant que l'on reconnaisse et admette le point de vue assurément très particulier et très éloigné des exigences rationnelles de l'activité fantasmatique de Fabienne !

Il est certes indubitable que celle-ci se révèle être encore sous l'emprise de pulsions archaïques très agissantes — nous l'avons d'ailleurs déjà signalé — de telle sorte que les structures de son Moi demeurent très fragiles et à la merci, pourrions-nous dire, de fantasmes qu'elles ne peuvent refouler ou contrôler d'une manière satisfaisante, fantasmes qui en prennent un aspect d'autant plus incohérent en apparence lorsqu'ils viennent à être exprimés !

Tentons cependant de les démêler l'un l'autre quelque peu et d'en analyser la signification, même s'il nous est impossible d'en élaborer une interprétation exhaustive et totalement satisfaisante.

Nous dirons d'abord — et personne, pensons-nous, ne nous contredira — que la « méchante sorcière » s'identifie à la mère de Fabienne ou plus exactement à l'image de la « mauvaise mère » (pour reprendre la terminologie kleinienne) qu'élabore l'inconscient de la fillette. Il s'agit donc d'une fantasmatisation très primitive de la mère qui ne nous étonnera point dans la mesure où nous l'avons déjà rencontrée, notamment dans les tests projectifs que Fabienne a passés.

Cette mère « mauvaise » est possessive et ne tolère pas que la fillette acquière de l'autonomie, ainsi que l'épisode du lasso nous l'exprime d'une manière assurément savoureuse !

Il faut remarquer cependant qu'à d'autres occasions, Fabienne ne profite pas d'une absence de la « sorcière » (partie au marché) pour prendre la fuite. Ne pouvons-nous en conclure qu'au fond, la fillette, bien qu'elle éprouve un sentiment d'étouffement et de castration sous l'emprise maternelle, n'en désire pas moins, malgré tout, d'une manière apparemment paradoxale, maintenir un lien assez étroit avec sa mère ? Cette attitude, contradictoire à première vue, se révèle très fréquente en pareil cas.

Cette dualité contrastée « bonne-mère/mauvaise mère » se rencontre encore, nous semble-t-il, dans l'opposition que Fabienne établit implicitement entre la fée et la sorcière, la fée qui la délivre, après un premier refus de la fillette, la sorcière qui devient malade puis folle...

La fée revêt la robe de princesse puis épouse un prince soudainement apparu... Tout aussitôt cependant, c'est la petite fille qui met une belle robe et conquiert ainsi le prince... Après quoi ils se marient et « eurent beaucoup d'enfants »...

Cette succession de faits n'est contradictoire qu'en apparence; ne pouvons-nous y voir en effet un signe de l'identification de la fillette à la fée, c'est-à-dire à la « bonne mère » avec, pourrions-nous dire, en corollaire, une illustration de la rivalité œdipienne, le prince jouant alors le rôle d'une image paternelle ?

Enfin, le fait que Fabienne épouse un prince et qu'elle devienne en conséquence une princesse ne peut-il être considéré comme un exemple de l'activité fantasmatique compensatoire de Fabienne pour lutter contre son sentiment de dévalorisation personnelle ?

Une autre histoire, que Fabienne a, cette fois, totalement inventée, nous montrera le lien existant entre les relations conflictuelles unissant (si nous osons dire) la mère et la fille, et le sentiment d'infériorité qu'éprouve Fabienne.

Celle-ci intitule son histoire : « Maris-Agnès ne veut pas manger sa soupe ! »

Elle nous la raconte en ces termes :

« Il était une fois une maman qui faisait tout le temps de la soupe pour que Marie-Agnès apprenne à manger de la soupe !

» Marie-Agnès s'asseoit et sa maman aussi !

» Marie-Agnès la (sa soupe) jette dans l'évier ! Sa maman la voit en train de la jeter dans l'évier. La maman de Marie-Agnès lui donne une cuillère à dessert de soupe. Marie-Agnès dit : ˮJ'aime pas la soupe ! ˮ. Alors, la maman lui dit : ˮJe vais te donner une cuillère à soupe ! ˮ. Après, Marie-Agnès a fini sa soupe et ça sonne minuit. Chez elle, (chez) Marie-Agnès, il y a cent pièces ! Marie-Agnès monte se coucher dans sa chambre et demande à sa maman si elle peut regarder la télévision mais la télévision ne marche plus. ˮDemain, dit la maman, tu pourras la regarder si tu manges ta soupe ˮ.

» Le matin arrive. Marie-Agnès se lève avant sa maman; elle descend dans la cuisine, fouille dans le placard pour voir s'il y a de la confiture. Elle mange de la confiture. Elle va dans le jardin où il y a un arbre avec des cerises rouges et brillantes. Elle monte à l'échelle. Elle cueille des cerises. Elle redescend, elle va dans le jardin où il y a des fraises. Elle en cueille un plein panier. Elle le ramasse. Elle mange des cerises. Elle va dans le potager où il y a des poireaux.

Elle en cueille six. Elle retourne à la cuisine; elle pose ses six petits poireaux dans un coin. La maman se réveille. Elle descend à la cuisine. Elle voit ses poireaux. Elle dit : " As-tu déjeuné ? ". Marie-Agnès dit : " J'ai bu mon café au lait et mangé six tartines ". Après, la maman dit : " Où est ton bol ? ". Marie-Agnès dit : " Je l'ai lavé et mis dans le placard ". La maman s'étonne un peu.

» Après, elle dit : " Dépêche-toi, c'est l'heure de partir à l'école ".

» Tous les enfants sont en rang; la maîtresse dit : " Où est Marie-Agnès ? ". Une élève dit : " J'ai entendu la maman la disputer ! ". La maîtresse dit : " C'est bien ! ".

» Marie-Agnès ne se fatigue pas (sur la route) quand tout le monde est en classe. Il reste un kilomètre pour arriver à l'école. Marie-Agnès siffle le long du chemin, cueille des fleurs, met les livres dans le ruisseau et ramasse des fleurs dans son cartable (sic) !

» Elle arrive à l'école ! A ce moment, sonne l'heure du départ de l'école. C'était le jour de la composition. Elle (Marie-Agnès) arrive en classe; la maîtresse dit : « Mettez-vous en rangs " (pour sortir).

» Marie-Agnès dit : " Je viens en classe pour apprendre mes leçons ! ". La maîtresse dit : " C'est trop tard ! ". Elle lui met un beau zéro et Marie-Agnès redoublera ! »

Cette histoire, beaucoup moins incohérente (si nous la jugeons d'un point de vue strictement rationnel) que la précédente, n'en possède pas moins une signification tout aussi fondamentale, nous semble-t-il.

Nous y voyons d'abord une identification de Fabienne à Marie-Agnès pour les motifs et dans la perspective que nous avons indiqués précédemment. Nous ne reviendrons donc pas sur ce point considéré, à nos yeux, comme acquis.

Cette histoire nous apparaît comme une nouvelle illustration des relations conflictuelles de Fabienne et de sa mère, au niveau inconscient.

Plus précisément, la fillette essaie à nouveau, au moins fantasmatiquement, d'échapper à l'emprise maternelle, d'abord en refusant de manger sa soupe, ensuite, le lendemain matin, en se levant avant sa mère et en lui mentant lorsque celle-ci lui demande si elle a déjeuné.

Dans cette perspective, ne pouvons-nous voir une allusion symbolique au lait maternel lorsque Fabienne parle de la soupe qu'elle refuse d'abord d'avaler ?

En outre, à la fin du récit, il nous semble que la maîtresse d'école devient une figure maternelle vis-à-vis de laquelle la fillette manifeste une autonomie analogue à celle dont elle témoignait à l'égard de sa mère; elle baguenaude en chemin, cueille des fleurs, abandonne ses livres... et arrive en classe au moment où celle-ci se termine ! Mais ici encore, cette autonomie est châtiée d'une manière exemplaire : la fillette aura « un beau zéro (pour sa composition) et redoublera » !

Enfin, signalons qu'à notre avis, un élément œdipien apparaît au moment où Fabienne narre ce que fait la fillette au jardin : les fruits qu'elle cueille et mange — les cerises — de même que les poireaux qu'elle déterre peuvent être considérés, à nos yeux, comme autant d'expressions symboliques des organes sexuels féminins et masculins au sens large du terme; au surplus, il importe de remarquer que la fillette effectue sa promenade agreste pendant que sa mère dort et qu'elle lui cache ensuite ce qu'elle vient de faire. Notons en outre que la mère, voyant les poireaux, les déclare siens. En fait, cette promenade matinale n'est-elle point une expression fantasmatique de la pulsion œdipienne de Fabienne à l'égard de son père ?

Cette conclusion nous paraît d'autant plus s'imposer que Fabienne, de toute évidence, n'a guère résolu les problèmes de la situation œdipienne : son attitude à notre égard en constitue un exemple significatif : elle prit l'habitude de nous appeler « papa », de nous écrire sous ce nom et n'en démordit pas en dépit de notre attitude réservée en cette matière.

Toutefois, une autre histoire que la fillette nous conta peut être, à notre avis, considérée comme une expression symbolique des efforts que fait Fabienne pour résoudre ou assumer sa relation conflictuelle avec sa mère.

Nous lui avions proposé, comme thème de départ, une des fables de Düss, *L'agneau*, sous la forme suivante : « Une maman-brebis avait une petite fille-agneau; elle lui dit, un matin : « Tu deviens trop grande désormais pour boire mon lait; tu devras à l'avenir manger de l'herbe tandis que j'aurai un autre agneau qui boira mon lait ! »

« L'agneau est fâché », commence alors Fabienne. « Tu ne m'aimes plus » (dit-il à sa mère). « Mais si, dit la maman. » Il pleure pendant deux jours; sa maman dit : « Tu iras boire du lait d'une autre maman dans une autre ferme. » Il y va, après, et voit une maman : « Je suis perdu, dit-il, madame ! Pouvez-vous me donner du lait ? » « Oui, dit la maman, à condition que tu sois mon enfant ! » « Chic ! je vais avoir une maman ! » dit le bébé. Il commence à grandir. Son autre maman (la « seconde ») lui dit : « Tu commences à être grand, tu dois chercher ta nourriture dans les prés et moi, je nourrirai un autre agneau. » Le grand agneau part et il reste avec sa vraie maman qui dit : « Tu es revenu, tu as faim, je te redonne du lait. » Tout s'est bien passé, il a grandi ! »

Histoire au fond très ambivalente ou ambiguë que celle-ci !

Nous assistons d'abord à un dédoublement de l'image maternelle dans la perspective de l'alternative kleinienne déjà signalée « bonne-mère/mauvaise mère», la « bonne » mère se substituant à la « mauvaise » pour continuer l'allaitement de l'agneau; mais cette « bonne mère » adopte plus tard un comportement analogue à celui de la « mauvaise »; par contre, celle-ci rend du lait à l'agneau, de retour au bercail, et devient donc « bonne »; il y a donc interversion des rôles : chacune des mères les interprétant successivement !

Cela ne veut-il pas dire que Fabienne considère sa mère comme fondamentalement ambivalente et qu'il ne lui est pas possible d'y échapper, que la fillette, malgré ses tentatives d'indépendance, ne désire pas non plus, au fond, s'en émanciper vraiment et qu'elle-même en définitive se trouve très ambivalente ?

L'histoire se termine « bien », d'une certaine façon : « l'agneau a grandi » et la maman « redonne du lait » ! Mais justement, il ne s'agit point d'herbe; l'agneau Fabienne n'est pas sevré, il demeure à un stade primitif de son évolution... La conclusion, dès lors, est-elle positive, en dépit des apparences ? Nous ne voudrions pas le jurer.

Nous ne sommes pas loin de penser en effet qu'il s'agit, en fait, d'un constat de « faillite » plus ou moins discret, plus ou moins dissimulé mais indéniable.

Ce constat est-il irrévocable ou définitif ? Nous ne le pensons pas davantage, à condition que la fillette bénéficiât d'une certaine aide psychothérapique.

Nous n'avons pu cependant, pour notre part, la lui procurer, Fabienne ayant quitté l'internat à la fin de l'année scolaire au cours de laquelle nous avions fait sa connaissance.

POSTFACE

Notre double formation de psychologue *clinicien* et de *phénoménologue* nous incite, comme nos lecteurs auront pu le constater, à être particulièrement sensible à l'*intentionalité signifiante* du comportement de l'enfant arriéré, même dans ses aspects apparemment les plus *fantaisistes* et les plus *bizarres* aux yeux des profanes.

Les résultats souvent heureux de nos cures psychothérapiques corroborent, selon nous, le point de vue phénoménologique que nous avons adopté.

C'est pourquoi, à notre avis, une réflexion de ce type, *entée* sur une solide expérience *clinique*, approfondit et vivifie cette *dernière*.

Une telle optique, certes, nous est propre; nous la soumettons à la réflexion critique de ceux que leur formation *réellement* phénoménologique et philosophique autorise et prépare à cette tâche... [1]

Aerium de La Pavière, Mornant (Rhône),
9 janvier 1975.

---

[1] Certains, témoignant d'une grande *ignorance* de la phénoménologie, ne se privent pas d'en présenter une esquisse *caricaturale*, tel G. Heuyer, *La schizophrénie*, Paris, 1974. Nous ne pouvons que regretter cette *désinvolture* intellectuelle...

TABLE DES MATIERES

PSYCHOLOGIE ET SCIENCES HUMAINES

collection publiée sous la direction de MARC RICHELLE